JN000276

マーケティング視点の

視点の

Digital Transformation
from Marketing perspective

DX

江端 浩人

Ebata Hiroto

日経BP

マーケティング
視点の

DX

はじめに

　海外に遅れること数年、日本にもデジタルトランスフォーメーション（DX）の波が到来しました。

　2020年はその波が大波になり、新型コロナウイルスの感染拡大によって、あらゆる仕事やサービスが強制的にデジタル化されました。

　身の回りの変化を見ても、対面の会議はリモートになり、料理などはオンラインで注文できるようになり、紙で管理していた資料はデータ化され、クラウド上に置かれるようになりました。

　それがDXかと聞かれれば「DXの一歩目であり、本質はその先にある」というのが私の見解です。

　コロナ禍がもたらしたアナログからデジタルの置き換えは、会社がどうにかして通常業務を維持していくために行ったものにすぎません。いわば、商品やサービスを供給する側のDXです。企業側は「うまくいった」と評価するかもしれません。

　しかし、顧客や消費者はどうでしょうか。供給側では、あちこちからDXという単語が聞こえてきますが、DXのメリットを享受するはずの市場からは「便利になった」「楽しくなった」といった声がほとんど聞こえてこないのが実態だと思うのです。

　では、どうすれば市場が喜ぶDXを実現できるのでしょうか。重要なのは、市場の声を聞き、市場の課題を解決することです。

　そのためには、従来のように「ITの人」だけが技術面からDXにアプローチするのではなく、市場の消費者に近く、市場を最も理解しているマーケティング部門の人やマーケターが積極的にDXに関わる必要があります。

マーケティング部門やマーケターは、顧客のデータにアクセスしやすく、市場がどんな課題を抱えているかを分析できます。

　社会の変化や動向にも敏感ですから、データを踏まえた客観的な視点で、市場が求めるDXを導き出すことができると思います。

　また、ここで重要なのは「マーケティング視点」を持つことですので、マーケティング部門の所属か、職種がマーケターかといったことはあまり重要ではありません。消費者の心理が分かり、組織や人が抱える課題に共感でき、働き方や暮らし方について理想の未来像を思い描ける人は、全員がマーケティング視点を持っています。

　つまり、「DX2.0」の実現に貢献でき、当事者となって実行していくこともできるということです。

　このようにマーケティング視点を持ってDXを推進していくことを、本書はDX2.0と呼んでいます。

　コロナ禍で急進したIT活用とアナログからデジタルへの置き換えがDX1.0、そこで構築したインフラや機能を駆使して、世の中に求められ、世の中の役に立つDXが、DX2.0です。

　本書は、マーケティング視点を持つことによってDXの価値はさらに高まるという仮説を出発点として、DXとマーケティングの関係や、市場に受け入れられている希少なDX2.0の成功例を取り上げます。

　また、マーケティングの基礎知識である4Pになぞらえて、DX2.0の取り組みをDX2.0の4Pとして整理しました。

DX2.0の4P

Problem：課題発見。市場が解決してほしいと思っているDXで解決可能な課題を定義する。

Prediction：社会の変化の方向性や、理想的な働き方や暮らし方を予測し、その実現のために必要なDXを考える。

Process：理想的な働き方や暮らし方を実現するためのプロセスを確立する方法と、変革を実行するプロセスを逆算で規定する。

People：DXを支える人のケイパビリティー、マインド、状態を考える。

　DXの取り組みを理屈として理解し、同時に、成功例から取り組み方を学ぶことで、DXは推進しやすくなりますし、市場に受け入れられない自己満足なDXになるのを回避することができるでしょう。

　Withコロナ／アフターコロナ時代の新しい生活様式を実現していくために、DXは不可欠なものとなりました。企業活動においてもDXは「待ったなし」の状態です。

　見方を変えれば、新型コロナウイルスの影響を受けて強制的にDX1.0が実現している今こそ、その勢いに乗りながら、DX2.0を推進し、実現する絶好のタイミングだと思います。

　ぜひ市場を魅了し、ユーザーの心をつかむDXを実現してください。

江端浩人

継続情報発信拠点Webサイト
「マーケティング視点のDX」
およびFacebookコミュニティーのご案内

　書籍は通常、発行する→書店などでご購入いただく→読了（→書評サイトなどに感想を投稿）で読者と著者の関係性が終了してしまいます。電子書籍で読んでも同様です。せっかくDX、しかもマーケティング視点のDXを論じているのですから、本書も読者視点を重視したDX的な取り組みを試してみたいと考えています。

本書Webサイト「マーケティング視点のDX」
https://dx20.jp
読者のためのFacebookコミュニティー
「DX2.0：マーケティング視点のデジタルトランスフォーメーション」
https://www.facebook.com/groups/dx2.0book

　Webサイト「マーケティング視点のDX」は、DX情報や関連イベントなどをまとめたサイトになります。Facebookコミュニティー「DX2.0：マーケティング視点のデジタルトランスフォーメーション」は、継続的に議論を行うためのグループになります。江端をはじめ、マーケティングやITの識者、他の読者たちとディスカッションし、生活者視点の真のDXを広めていきましょう。ご一読後、ぜひお越しください。

Contents

1章

今なぜデジタルトランスフォーメーション(DX)か?

今なぜデジタルトランスフォーメーション(DX)か？

　2020年9月に首相に就任した菅義偉氏がデジタル庁の設立に言及したことが追い風となって、デジタルトランスフォーメーション（以下DX）が一段と「旬」のキーワードになっています。

　DXとは、一言で言えばデジタル技術を活用したビジネスの大変革のこと。大量のデータを解析し、デジタル技術をフル活用することで、既存の商品ラインアップ、組織体制、ビジネスモデルを変革して顧客への提供価値を変えること、変え続けることを指します。

　例えば米国では空き部屋をシェアするエアビーアンドビー（Airbnb）や、スマートフォンからタクシーを呼べるウーバーのサービスが登場したことで、それまでデジタル化の必要性がそれほど高いとは思われていなかった宿泊、タクシー業界が新勢力の登場で脅威にさらされることになりました。そうした中で競争優位を維持するには、自ら変わり続ける必要があります。

　日本企業にとっても、もちろん対岸の火事ではありません。中長期的に労働人口が減少して人手不足が常態化することは明らかであり、小売りでは無人レジや、顧客別に推奨商品を表示するレコメンドAI（人工知能）を稼働させ、営業もセールステックで効率化が進むでしょう。

　一方で購買データやWebの閲覧履歴、購買後の利用動向、店舗に設置したAIカメラから把握できる顧客の興味関心など、顧客にまつわる新しいデータは次々と生まれています。これを解析して変化の芽を捉え、いち早くサービスを提供するために組織体制から、時には企業文化をも変える——。そんなDXへの積極的な取り組みは、イノベーションを起こす有力なルートになるでしょう。

なぜDigital Transformationなのに「DT」ではなく「DX」?

「デジタルトランスフォーメーション（Digital Transformation）なら略語は『DT』では？」――。ごもっともな疑問です。XはCX（顧客体験、Customer Experience）やUX（ユーザーエクスペリエンス、User Experience）のように体験の意味で用いられることが多い文字です。デジタル体験（Digital Experience）という言葉も存在し、DXと略す場合もあるにはあるのですが、デジタルトランスフォーメーションの普及の勢いに押しやられてしまった感があります。「trans-」は「cross-」と同義でcrossを「x」と略すケースが多いことから、DTではなくDXになった、という説が有力です。

●エリック・ストルターマン教授の「DX」の定義（2004年）

ITの浸透が人々の生活をあらゆる面でより良い方向に変化させる

●経済産業省「DX推進ガイドライン」における「DX」の定義

企業がビジネス環境の激しい変化に対応し、データとデジタル技術を活用して、顧客や社会のニーズを基に、製品やサービス、ビジネスモデルを変革するとともに、業務そのものや、組織、プロセス、企業文化・風土を変革し、競争上の優位性を確立すること

　実際のところ20年に入って、DXへの注目、期待度は急速な高まりを見せています。

　日経BPが運営するマーケティングメディア「日経クロストレンド」は20年7月、日ごろメディア活動で協力を得ているマーケティング有識者「アドバイザリーボード」約50人と編集部員を対象に、マーケティング、技術、消費関連の計80キーワードについて「将来性」と「経済インパクト（多くの企業の収益に影響するかどうか）」を5段階で尋ね、1〜5点でスコアリングしました。18年夏以降、年2回ペースで調査し、20年7月で5回目。前回は新型コロナウイルス感染拡大直前の20年2月だったため、コロナ禍を経て注目、関心が高まったキーワードが浮き彫りになりました。

　その結果、将来性スコア4.41、経済インパクトスコア3.62と、双方でハイスコアを獲得したのが「DX」でした。特に経済インパクトに

日経クロストレンド「トレンドマップ調査」スコアを伸ばしたキーワード

	分野	キーワード	スコア	前回比
将来性	技術	ロボティクス	4.31	0.24
		DX（デジタルトランスフォーメーション）	4.41	0.22
		人間拡張	3.76	0.22
	マーケティング	チャットbot	3.59	0.35
		DMP（データ・マネジメント・プラットフォーム）	3.60	0.32
	消費	ワーケーション（ワーク×バケーション）	3.32	0.44
		サブスクリプション消費	4.24	0.24
経済インパクト	技術	DX（デジタルトランスフォーメーション）	3.62	0.74
		5G（第5世代移動通信システム）	3.15	0.47
	マーケティング	アドベリフィケーション	2.48	0.29
		コンテンツマーケティング	3.15	0.25
	消費	MaaS（モビリティ・アズ・ア・サービス）	2.72	0.22
		アクティブシニア	3.24	0.19

おいてDXは、前回2月からスコアを0.74ポイント増と大幅に伸ばしました。

　下図のグラフは、「DX」がGoogleで検索された量の推移を表したものです（「Google Trends」で検索）。16年以降、最も検索が多かった時期を100として、折れ線グラフで表示されています。DXの検索ボリュームはずっと右肩上がりで推移し、20年4〜5月に一段と跳ね上がりました。

　また、日経電子版で「デジタルトランスフォーメーション」を含む記事件数の推移を調べると、20年上半期は前年同期比ほぼ倍増の503本と急増していました。DXはコロナ禍で認識が高まり、必要性が理解されたと言えそうです。

「Google Trends」で見る「DX」の検索ボリューム推移

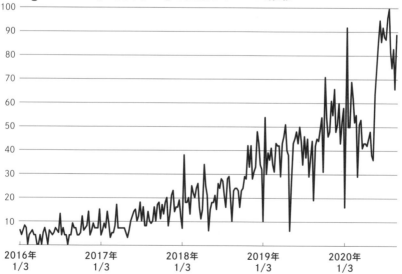

デジタル化とDXは何が違うか？

　DXについて何となくイメージが湧いたでしょうか。ただ私たちはこれまでも「IT革命」「デジタル化の推進が必要」といった言葉を耳にしてきました。「わが社もDXを進めよう」という号令がかかっている企業も多いと思いますが、そこで挙がっているトピックは本当にDXかどうか？　従前から言われてきたデジタル化の域を出ないものも多いように思います。もちろん、デジタル化はDXを進める前提として必要です。ただデジタル化したことを「DXに取り組んだ」と捉えてしまうと、システムの導入や業務効率化にとどまり、新たな価値を生み出すところまでたどり着かなくなります。

　例えば新聞の場合。「○○新聞」に載っている記事が「○○オンライン」という電子版で読めるようになった——。これは紙からネットへの置き換えで、デジタル化です。知りたい事柄を手軽に検索できたり、興味のある記事をクリップしておけたりと、紙の新聞より使い勝手は高まりますが、DXとは言えません。

　読者としては類似ジャンルのメディアが連携してワンストップで読めた方がありがたいでしょう。また、読者Aさんの閲覧記事をAIが分析して、他読者の閲覧記事の傾向を踏まえてAさんが関心を持ちそうな記事を、個別に関連記事欄やメルマガで薦めてくる。これは、顧客起点のデータを基に個別に最適なコンテンツを都度判断して配信するという点で、方向性としてはDX的です。

　近年は小中学校でも、科目によってはパソコンやタブレット端末を用いて授業を行うようになりました。全児童・生徒にパソコンを1台ずつ配備する「GIGAスクール構想」も始動しています。ただし、紙の

教科書がデジタル教科書になってそれをPC画面越しで学ぶのは、やはり置き換えです。英語の発音が聞けるようなインタラクションの高い教材で学びやすくなったり、最新データへの差し替えが対応しやすくなったりと、デジタル化のメリット自体は多々あります。

　では学びの領域でDXと言えることは何か？　例えばコロナ禍で自宅からでも教室の環境と遜色なく授業が受けられるオンライン授業はその1つでしょう。また、個人の理解度をAIが判断し、つまずいた部分に対して理解が乏しいと思われる単元にさかのぼって復習を促すような個別最適化が可能な教材も、DX的な取り組みと言えます。

　クルマの場合はどうでしょう。道順をナビゲートしてくれるカーナビや、センサーで衝突を回避する安全技術など、クルマは多数のデジタル技術を搭載して利便性、安全性が高まりました。DX的と言える進化の方向性として、1つは運転そのものから解放される自動運転。もう1つはクルマをつくって売るモデルから、カーシェアリングなど利用に応じて対価を受け取るモデルへの転換が挙げられます。その発展形がMaaS（モビリティ・アズ・ア・サービス）です（183ページ参照）。

デジタル化とDXの違い

	アナログ	デジタル	DX
新聞	紙の新聞 →	○○電子版 →	メディア連携
			個別興味に最適化配信
教育	従来の授業 →	1人1台体制でデジタル教材活用 →	オンライン授業
			個別理解度に対応
クルマ	マイカーを所有 →	カーナビや安全装置で利便性向上 →	完全自動運転
			他交通機関と連携、移動サービス化

店内飲食を閉鎖しても
売り上げを伸ばしたマクドナルド

　なぜコロナ禍でDXに注目が集まったのでしょうか。先んじてDXの取り組みを進めた企業で、コロナ禍のダメージをリカバリーしているケースが見られたことが要因としてありそうです。

モバイル注文とウーバーイーツを着々と拡大

　日本マクドナルドはその一例です。マクドナルドは20年4月29日から5月14日にかけて、全国の全店舗（約2900店舗）で店内客席の利用を終日中止しました。いつもにぎわう店内飲食スペースを半月の間閉じたのですから、普通に考えれば5月は大ダメージを受けてもやむを得ないところです。ところが20年5月のマクドナルド既存店売上高は前年比15.2％増。なんと大幅に増やしました。客数は20.7％減と大きく減りましたが、客単価が45.3％増と大幅に伸び、差し引き大幅増となったのです。

　コロナ禍での大幅増の要因としては、ドライブスルーでのテークアウトが好調だったことが挙げられます。学校の一斉休校やテレワークで家族が勢ぞろいしているため、クルマで買い物に出たついでに家族人数分の食事をテークアウトで済ませようと考える家庭が増え、マクドナルドがその候補として浮上した格好です。

　こう説明するとまるで“タナボタ”のようですが、同社は新型コロナウイルスの感染拡大前から店内飲食以外の販売ルートであるテークアウトやデリバリーを増やすための施策を打ってきました。

　その1つがモバイルオーダーです。スマホアプリから事前注文・決済

することで、あとは受け取り指定時間に店頭に出向くだけでテークアウトできる仕組みです。19年4月から一部店舗で試験導入し、20年1月28日から全国導入しました。店頭で待たされることも行列に並ぶこともないモバイルオーダーは、3密を避けたい消費者心理に合致します。結果的に、新型コロナウイルスの感染拡大に備えるタイミングでの導入になりました。

　マクドナルドはさらにオンラインデリバリーサービスの「ウーバーイーツ」活用も強化しました。17年6月に都内33店舗で導入して以降、対象店舗を増やし、全国1000店舗超で利用できるようになりました（20年7月時点）。

　マクドナルドは、店舗のクルーが直接届ける「マックデリバリー」という注文ルートもあります。別途かかるデリバリー料は300円（税込み）で、エリアによってはウーバーイーツよりも割安です。ただし注文金額1500円（税込み）以上という条件があり、対象店舗も限定的です。子供がまだ小さく外出もままならないので食事はデリバリーで済ませたい場合、最低注文料金がないウーバーイーツの方が重宝する利用客は多いでしょう。顧客目線で多様な購入ルートを確保したことが、コロナ禍で威力を発揮しました。

日本マクドナルドの月次動向（前年同月比）

2020年	（月）	1月	2月	3月	4月	5月	6月	7月	8月
全店	売上高(%)	3.2	15.4	0.5	6.7	15.4	-2.8	1.4	12.9
既存店	売上高(%)	2.6	14.7	-0.1	6.5	15.2	-3.2	1.0	12.4
	客数(%)	1.5	9.2	-7.7	-18.9	-20.7	-19.4	-13.2	-3.2
	客単価(%)	1.0	5.1	8.3	31.4	45.3	20.1	16.4	16.1

店内飲食スペースを2週間閉めた2020年5月、既存店売上高は前年比15.2％増

資生堂が本気のDX宣言

　20年8月6日、資生堂は20年12月期の第2四半期売上高が前年同期比34.4％減と大幅に落ち込み、99億円の営業赤字になったこと。そして連結最終損益が220億円の赤字になる見通しを発表しました（前年は735億円の黒字）。コロナの影響で外出自粛が世界的に広がったことが響きました。

　この業績発表を受けて、オンライン説明会で同社の魚谷雅彦社長から以下の発言がありました。
　・デジタルとEC（電子商取引）をもっと加速させる
　・全世界での媒体費のデジタル化率は現在約50％。
　2023年にはこれを90％以上、限りなく100％に転換する
　・ターゲット効率を高め、ROI（投資利益率）を高める
　・EC比率は現在全社で13％。2023年に25％に倍増させる。
　中国では2023年に50％にしていく
　・東京本社にデジタルの世界戦略に携わるチームを設置
　・日本事業でCDO（チーフデジタルオフィサー）を登用済み
　・デジタルマーケティング専門人材の採用を強化する

「資生堂ショック」、あるいは「資生堂が本気のDX宣言」とも捉えることができる内容です。

　百貨店やドラッグストアへの客足が落ち、インバウンドも壊滅的な中、EC事業は2割増とコロナ禍の厳しい状況を下支えしました。そのECをさらに伸ばそうと、23年までに媒体費のほとんどをデジタルに切り替えるという大胆なシフトを打ち出しました。ちなみに資生堂の

媒体費は年間800億円に上ります（19年12月期）。

　資生堂は、決してコロナ禍で慌ててDXに飛びついたのではなく、以前からデジタル活用やイノベーティブな取り組みに積極的でした。例えば「Optune（オプチューン）」（20年6月に終了）は、利用客の今日の肌質と当日の天候情報を基に、最適な美容液と乳液を専用マシンで提供する、画期的なサブスクリプション型スキンケアシステムでした（月額1万円［税別］）。

　また、19年7月にはオープンイノベーションプログラム「fibona（フィボナ）」を開始し、「ビューティー（美容）」「ウェルネス（健康）」分野に貢献できるアイデアを持つスタートアップ企業を募集。50社の応募企業の中から採択した企業と協業を進めています。

　専門人材、組織を発足させて取り組む資生堂の「本気のDX」がどんな成果を上げるか、注目したいところです。

デジタル・Eコマース事業の飛躍的成長を実現

媒体費に占める デジタル比率	2019年 **50%**	⫸⫸⫸	2023年目標 **90〜100%**

Eコマース 売上構成 お客様購買ベース		2019年		2023年
	全社	**13%**	⫸⫸⫸	**25%**
	中国	**34%**	⫸⫸⫸	**50%**

デジタル・ データ分析の 専門人材強化	⫸ 本社にデジタルトランスフォーメーションチームを発足 ⫸ 日本事業：チーフデジタルオフィサー登用 ⫸ デジタルマーケティング専門人材 100名採用

資生堂の2020年12月期第2四半期決算で注目を集めた説明資料

1-5

国内企業のDX取り組み状況

　日本企業のDXへの取り組みはどの程度進んでいるのでしょうか？
　電通デジタルが19年12月に「日本における企業のデジタルトランスフォーメーション調査」（19年度）を発表しています。

　DXの取り組み状況については、「計画策定中」「一部の領域で取り組み中」「複数の領域で取り組み中」「完了済み」を合わせた70％が着手していました。前年（18年度）調査の63％から7ポイント増えています。特に複数の領域で取り組む"DX積極派"が前年の27％から32％へと増加し、DXの領域拡大と進展がうかがえます。計画段階から実行フェーズに入っていることは確かなようです。

　DXの取り組み領域・内容について該当する上位3つを選んでもらう設問では、「業務プロセスや業務システムの先進化」「製品サービスや業務に対するテクノロジーの活用（IoT、AI等）」「IT基盤の構築やソリューションの導入」がいずれも20％を超えて前年と同様にトップ3を占めましたが、前年比では3〜5ポイント減少していました。

　反対に前年より2〜3ポイント増加していたのが、「データ活用推進のための戦略の策定」「デジタル戦略に即した組織の開発や再編成」「デジタルスキルを向上させるための人材開発教育や採用」の3つでした。データ活用戦略、組織の再編成、デジタル人材の教育・採用に目が向いていることを示す結果から、システムやテクノロジーの導入で終わらせない、継続的な取り組みの意思が感じられます。

　では、DXの取り組みの成果は果たして出ているのでしょうか？　「非常に成果あり」（3％）、「成果あり」（18％）、「ある程度の成果あり」（35％）と答えた"成果あり派"が56％に上っていました。

1. DXの取り組み状況

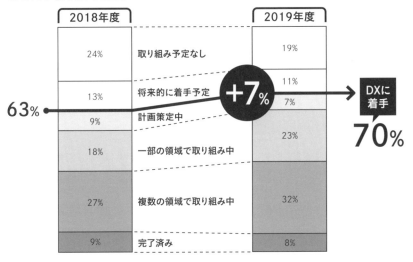

2018年度

24%	取り組み予定なし
13%	将来的に着手予定
9%	計画策定中
18%	一部の領域で取り組み中
27%	複数の領域で取り組み中
9%	完了済み

63%

2019年度

19%	
11%	
7%	
23%	
32%	
8%	

+7%

DXに着手

70%

2. DXの取り組み領域・内容（該当する上位3つを選択）

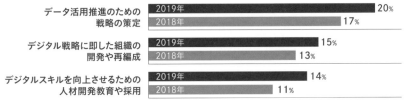

データ活用推進のための
戦略の策定
- 2019年　20%
- 2018年　17%

デジタル戦略に即した組織の
開発や再編成
- 2019年　15%
- 2018年　13%

デジタルスキルを向上させるための
人材開発教育や採用
- 2019年　14%
- 2018年　11%

3. DXの取り組みの成果

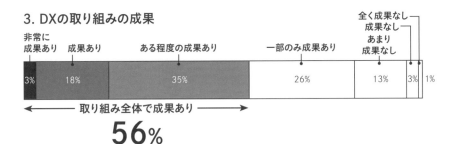

非常に成果あり	成果あり	ある程度の成果あり	一部のみ成果あり	あまり成果なし	成果なし	全く成果なし
3%	18%	35%	26%	13%	3%	1%

← 取り組み全体で成果あり →

56%

※調査対象は、従業員500人以上の国内企業で経営企画、営業、企画・調査・マーケティングなどの部門に所属する係長・主任クラス以上の役職者3823人（調査時期は2019年9月）

経産省が選んだ
「DXグランプリ」「DX銘柄」

　DXは今や"国策"になっています。経済産業省と東京証券取引所は20年8月25日、市場から注目を集める「DX銘柄2020」選定企業35社と「DX注目企業2020」21社を発表しました。

　これは経産省が15年以降毎年、積極的なIT利活用に取り組んでいる企業を「攻めのIT経営銘柄」として選定してきた表彰プログラムが前身です。単に情報システムの導入やデータの利活用にとどまらず、デジタル技術を前提としたビジネスモデルそのものの変革、経営の変革に果敢にチャレンジし続けている「DX企業」を選ぶという趣旨から、「DX銘柄」の名称でリニューアルしました。

　DX銘柄は、東証上場企業約3700社を対象にアンケート「DX調査2020」を実施し、エントリー企業の中から、有識者で構成する「DX銘柄評価委員会」（委員長：一橋大学CFO教育研究センター長の伊藤邦雄氏）が各業種1〜2社を選ぶ仕組みです。20年は、15年以降で過去最多の535社からエントリーがありました。取り組み内容については、1.革新的な生産性向上　2.既存ビジネスの変革　3.新規ビジネス創出の3点から評価しています。

DXグランプリ2社はコマツ、トラスコ中山

　選定35社の中から、特に「デジタル時代を先導する企業」として、建設機械大手の小松製作所（コマツ）、機械工具卸売商社のトラスコ中山の2社を「DXグランプリ2020」として発表しました。コマツは15年以降、選定は4回目の常連企業。トラスコ中山は初選定でグラン

プリ受賞となりました。

DX銘柄選定ポイント

Ⅰ　ビジョン・ビジネスモデル

Ⅱ　戦略

Ⅱ-①　組織・精度等

Ⅱ-②　デジタル技術の活用・情報システム

　　　DXの具体的取り組み（ビジネス・業務の変革）※記述

Ⅲ　成長と重要な成果指標

Ⅳ　ガバナンス

　コマツといえば、建機モニタリングシステム「コムトラックス」（KOMTRAX = Komatsu Machine Tracking System）をご存じの方もいるだろうと思います。これは、世界で稼働している数十万台のコマツの建機が発信する稼働位置情報、稼働状況、燃料の残量、要メンテナンス・部品交換の情報、故障箇所などの情報を、通信衛星回線などを用いて収集するシステムです。

　建機が発信する膨大なデータは、故障や必要な部品をいち早く知らせてくれるため、すぐに現地に駆けつけて対応が可能になり、故障で稼働できない時間を短く抑えられます。故障の予兆となるデータも把握できるので、故障の予防にもつながり、データは建機の需要予測、生産体制管理にも生かすことができます。ビッグデータの先進活用事例として、よく取り上げられてきました。

　コマツはこれをさらに発展させ、建設現場向けソリューション「スマートコンストラクション」を推進しています。「機械の自動化・自律化」というモノ軸と、「施工オペレーションの最適化」というコト軸の

「DX銘柄2020」選定35社 (○は「攻めのIT経営銘柄」各年度の選定実績)

	2019年	2018年	2017年	2016年	2015年
鹿島建設					
ダイダン					
アサヒグループホールディングス	○	○	○	○	○
日清食品ホールディングス					
東レ			○	○	○
富士フイルムホールディングス		○	○		
ユニ・チャーム	○				
中外製薬					
ENEOSホールディングス	○				
ブリヂストン	○	○	○	○	○
AGC					
JFEホールディングス	○	○	○	○	○
♛ 小松製作所	○	○			○
ダイキン工業					
コニカミノルタ				○	
富士通	○	○	○		
ヤマハ発動機					
トプコン					
大日本印刷	○				
東京ガス				○	
東日本旅客鉄道会社	○	○	○	○	○
Zホールディングス	○	○	○	○	
エヌ・ティ・ティ・データ					
住友商事					
♛ トラスコ中山					
Hamee		○	○	○	
日本瓦斯	○	○	○	○	
りそなホールディングス					
大和証券グループ本社	○	○			
SOMPOホールディングス			○		
東京センチュリー	○	○	○	○	○
GA technologies					
三菱地所	○				
ディー・エヌ・エー	○	○			
セコム			○	○	

2軸から、安全で生産性の高い、スマートでクリーンな未来の現場を顧客企業と一緒に創造する取り組みです。

　建機の高度化が進み、一方で現場情報の見える化が進むと、最適な施工計画から日々のタスクが自動作成され、施工の全工程がデジタルでつながって現場課題の最適解が求められる。そんな未来の現場を模索しています。

　一方のトラスコ中山は20年1月、基幹システム「パラダイス」を刷新。仕入れ先、販売先とのデータ連携手段を多様な形で用意し、商品情報や在庫、物流などのリアルタイムデータを網羅したプラットフォームとして利用できる環境を整備しました。

　また、新規ビジネスとして資材の即納サービス「MROストッカー」の提供を開始。工場や建設現場などに隣接して設置し、現場でよく使われる間接材を棚に取りそろえます。いわゆる「置き薬」の仕組みをIT技術とデータ分析を利用することで、先回りしてユーザーの手元に配達、在庫化し、必要な資材が途切れることなく使用できる、「納品待ち時間ゼロ」を実現するサービスです。

　自社物流センターを持ち、ビッグデータ、AI、IoT、RPAを生かして持続的に進化させている点。また、取引先と各種データを共有して物流網を整備し、モノづくり支援のエコシステムを構築している点が高評価のポイントになりました。

「DX注目企業2020」21社

サッポロホールディングス　帝人　三菱ケミカルホールディングス　花王　大日本住友製薬　THK　IHI　日本電気　カシオ計算機　川崎重工業　SGホールディングス　野村総合研究所　伊藤忠テクノソリューションズ　PALTAC　ワタミ　丸井グループ　三井住友フィナンシャルグループ　ふくおかフィナンシャルグループ　東海東京フィナンシャル・ホールディングス　MS&ADインシュアランスグループホールディングス　応用地質

経産省DXレポートが警告する「2025年の崖」とは?

18年9月、経産省が公表した「DXレポート」の表題が、「~ITシステム『2025年の崖』の克服とDXの本格的な展開~」でした。

DXレポートでは以下の予想をしています。

・「21年以上にわたって稼働しているレガシーシステム」が2025年には国内のシステム全体の6割を占める

・IT予算の9割以上がシステム維持管理費のために費やされる

・IT人材不足は43万人に拡大する

保守運用の担い手不足でシステムトラブルのリスクが高まることから、25年以降、最大12兆円／年(現在の3倍)の経済損失を招く可能性があると指摘しています。するとどのようなことが起こるでしょう?

●ユーザー企業側

・爆発的に増加するデータを活用しきれずにDXを実現できず、デジタル競争の敗者となる恐れがある

・ITシステムの運用・保守の担い手が不在になり、多くの技術的負債を抱え、業務基盤そのものの維持・継承が困難になる

・サイバーセキュリティーや事故・災害によるシステムトラブルやデータ滅失・流出などのリスクが高まることが予想される

●ベンダー企業側

・既存システムの運用・保守にリソースを割かざるを得ず、成長領域であり主戦場となっているクラウドベースのサービス開発・提供を攻めあぐねる状態になる

・レガシーシステムサポートの継続に伴う人月商売の多重下請構造から脱却できないと予想される

　そこで経産省は「DX推進ガイドライン」を掲げ、21〜25年を「DXファースト期間」と定めて、長期計画でレガシーシステムの刷新を提案しています。そうしてDXを推進することで、25年に以下の状態に持っていくことを期待しています。
　・IT予算に占めるランザビジネス対バリューアップの割合を、現在の8：2から6：4に。GDPに占めるIT投資額を1.5倍に引き上げる
　・サービス追加やリリースの作業時間を数カ月から数日に短縮
　・IT人材のユーザー対ベンダーの分布比を現在の3：7から5：5に
　・IT人材の平均年収を約600万円から米国並みの2倍程度に上げる
　・IT産業の年平均成長率を1％から6％に引き上げる

　経産省の危機意識が伝わってくる内容です。ただ、DXの必要性が「2025年の崖」とセットで語られることで、DXがIT部門のテーマに矮小化されてしまっている感は否めません。

2025年の崖

	基幹システムの稼働期間が21年以上の企業の割合	不足するIT人材の数	IT予算に占めるシステム維持管理費の割合
現在	20%	約17万人	80%
	↓	↓	↓
2025年〜	60%	約43万人	90%

年間経済損失 現在4兆円／年 → 最大12兆円／年（2025年以降）

2章

DXには
マーケティング視点が必要だ

2-1

日本企業のDX出遅れは
マーケティング視点の欠如

　マーケティング視点が欠如したDXの取り組みは、その多くは成果が上がらず失敗に終わっています。DXこそマーケターを関与させるべきではないでしょうか？

　私の言うマーケターとは、必ずしもマーケティングを冠した部署に所属する人だけではなく、社会やそこに関与する組織・人間の抱える課題を理解し、将来のあるべき姿から逆算して今までにない解決方法を提供する人のことを指します。すなわち実行されるのはマーケティングとイノベーションであり、提供される多くの解決方法はデジタルを活用することにより生まれます。

　マーケティング目線が何よりも重要なもう1つの理由は、データの活用にあります。社会の動向をきちんと把握し、またユーザーの課題を把握するためには、データによって導き出された事実をベースに議論し、マーケターの持つユーザーの調査・分析といった手法を有益に活用する必要があります。経営判断もKKD（勘と経験と度胸）から、データドリブンに移行するべきです。

　海外に遅れること数年。日本にもDXの波が到来していますが、なかなかめぼしいDXの成功事例が聞こえてきません。それは、国内では「デジタル」という言葉に引きずられて、「DX＝ITの仕事」となっているからではないでしょうか。

　解決すべき課題が見えない状態で現場にデジタル化を求めても、DX

は成功しません。成功の鍵を握るのは、実はデータに基づく顧客視点のマーケティングです。

　新型コロナウイルスの感染拡大により、日本でも強制的にデジタル化しなければならない事象が多くなり、結果的にDXが進行したことは間違いありません。米マイクロソフトCEOのサティア・ナデラ氏は、「コロナ禍の2カ月で2年分の進化を遂げた」と評しています。
　しかし、それらは会社の業務に必要な部分や供給側の理屈で必要に迫られて移行したものがまだまだ多く、決して顧客のニーズに基づいて行われたものではありません。

　本書ではそのようなDXも一部取り上げますが、むしろ今後必要とされる「マーケティング視点のDX」（DX2.0）を多く取り上げたいと思っています。
　顧客視点で解決すべき課題を見つけ、その課題解決方法を実践する過程で、デジタルの重要性が非常に高くなっています。そのような視点と施策を中心に取り上げます。
　従って、本書で取り上げる事例は「新型コロナウイルス感染拡大以前」のもの、あるいは長年にわたって準備してきた施策がコロナ禍によって花開いた事例が多くなっています。
　国内のDXの議論は、IT部門が必要な機能を提供するDX1.0にまだ比重が偏っています。もちろんそれは土台として必要不可欠です。そのうえで国際的に通用、評価されるDXを実現するには、マーケティング視点のDX（=DX2.0）を推進する必要があります。

　次ページからDX2.0について詳しく解説していきます。

2-2

マーケティング視点の
DX(DX2.0)とDX1.0

　マーケティングでは、消費者のニーズを捉えたり、サービスの内容などを考えたりする際、「マズローの欲求5段階説」がよく用いられます。これは、人間の欲求が基礎的な欲求から始まり、満たされるごとに高次元化していくことを表すものです。

マズローの欲求5段階説

・**生理的欲求**：食事や睡眠など、人が生きていくうえで最低限必要な本能的な欲求
・**安全欲求**：身体的な危機を回避し、安心・安全で健康的かつ経済的にも安定した状態で暮らしたいと考える欲求
・**社会的欲求**：家庭や会社など何らかの集団に所属し、受け入れられることを求める欲求。「愛情と所属の欲求」「帰属の欲求」とも言う
・**承認欲求**：所属する集団の中で他者から認められ、高く評価される、尊敬されることを求める欲求
・**自己実現欲求**：自分の人生観に基づいて、自分の理想とする自分になる、自分らしく生きることを求める欲求

　この欲求の変化を踏まえて、米国の経営学者であり、私が友人として親しくお付き合いさせてもらっているフィリップ・コトラー教授は、マーケティング1.0～4.0の概念を提唱しています。つまり、マズローの欲求5段階説と、コトラーのマーケティング1.0～4.0はある程度重ね合わせることができます。

マズローの第1段階（生理的欲求）と第2段階（安全欲求）は衣食住を満たしたい欲求であり、物質的欲求とも呼ばれます。ここに該当するのがマーケティング1.0です。

マーケティング1.0は、需要に対して供給が不足している状態で生活必需品を作れば売れた、大量生産・大量消費の時代です。ここで「マーケティングの4P」Product（製品）、Price（価格）、Place（流通）、Promotion（宣伝）——も考案されました。

機能性と安全性を満たした生活必需品が市場に出ると、人は所属する社会との関係性の中でより自分に合ったものを求めます。マーケティング2.0はそんな社会的欲求に応える顧客志向のマーケティングで、「STP分析」〜Segmentation（市場を細分化）、Targeting（狙う市場を定める）、Positioning（立ち位置を明確にして差異化を図る）やブランド構築の観点から競合他社に勝つための戦略を練ります。

マズローの欲求5段階説とコトラーのマーケティング1.0〜4.0

※マズローの欲求5段階説とマーケティング1.0〜4.0には諸説あり、本書ではその解釈の一例として挙げています

　マズローの第4段階（承認欲求）、第5段階（自己実現欲求）に該当するのがマーケティング3.0およびマーケティング4.0です。

　単に高機能なだけでなく、例えば省エネ、節水といった環境志向であったり、社会的貢献に熱心な企業の商品を所有することで他者から共感されたりするような価値主導のマーケティングが3.0です。

　そしてマーケティング4.0は、自己実現のマーケティングとも呼ばれます。その商品・サービスは自分らしさを体現するものであり、時にSNSを通じて熱心なエバンジェリスト（伝道師）となって、ブランドに深く関与していくことを求める。そんな関係性の構築を目指すものです。

　DXについても同様のことが言えます。

　マズローの図とDXの取り組みを重ねてみると、低次の物資的欲求については、IT化、デジタル化によってそこそこ実現されました。

　例えば、手紙はメールになり、切符は交通系ICカード（「Suica」等）になるなど、アナログからデジタルに置き換わっています。DXの根底にあるインターネット環境に関しても、セキュリティーが担保され、ストレスなく動くPCや回線環境が整いました。これらはデジタル化の基礎的な取り組みで、マズローの図で言うなら生理的欲求や安全欲求に該当するものといえるでしょう。

　ここまではIT化、デジタル化で実現できます。この領域を本書ではDX1.0と位置付けています。

　その上はさらに高い次元の取り組みです。例えば、社会的欲求を満たすために、友人や顧客とつながったり、相手が期待するソリューションを提供して喜んでもらいたいと考えたりするようになります。

自己実現という観点からは、例えば日本中を旅しながら仕事もこなす、ワーケーションスタイルを確立したいといった願望も生まれてくるでしょう。それには、遠隔でも仕事ができるインターネット回線、オンライン宿泊予約、オンライン航空券、特急券、レンタカー予約などがそれぞれただバラバラに存在しているDX1.0フェーズでは、使い勝手が良いとは言えません。

　月額固定料金で全国の指定施設を利用できたり、その会員向けに移動の足となる交通機関の運賃が割安になったりするサービスがパッケージ化されれば、「1年中ワーケーション」も夢物語ではなく新しい生活・仕事スタイルの一様式になるでしょう。多拠点生活（マルチハビテーション）の普及に弾みがつくはずです。このような価値を創造するのが、本書でDX2.0と位置付けている、高次元のDXです。

マズローの欲求5段階説とDXのステージ

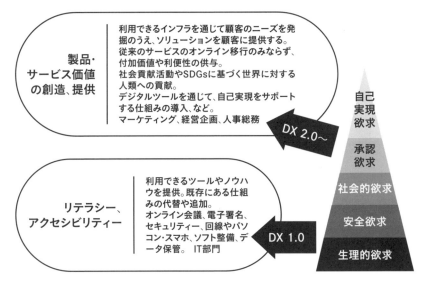

ユーザーの立場から考えることが大事

　では、DX2.0ではどんなことが求められるのでしょうか。

　例えば、駅の改札が自動改札になり、切符がSuicaなどに変わったのはDX1.0です。乗客は切符を買う手間や切符を紛失するトラブルを防ぐことができ、鉄道会社側は改札に立つ駅員を削減でき、目視によるミスやキセル乗車を防げるようになりました。

　それでもさらに世の中の欲求は高次元化します。ユーザー側から見ると、電車が混んでいる時間帯を避けるために、混雑状況を把握したいと思うかもしれません。

　特にコロナ禍においては、密になる満員電車をなるべく避けたいと思う人が増えました。こうした欲求に応えていくのがDX2.0です。

　例えばSuica経由で乗客の移動データを収集したり、人の流れや行動パターンを分析したりすることで、「便利に移動」できる現状を「より快適に移動」できる状態に変えていくことができます。

　ユーザー側は、ビッグデータやAIを使って具体的に何ができるかは分からなかったとしても、そのような言葉が浸透したことによって「もっと世の中が便利になりそうだ」と期待します。それが欲求の高次元化につながり、DX2.0が求められる背景になっているわけです。

　そんな欲求をカタチにするために、ITの知見やデジタル技術は重要ではあるのですが、それだけでは足りません。なぜなら、満員電車を回避したいという欲求は、DXによってメリットを得るユーザー側の視点、つまりマーケティング視点に立つことによって、より具体的に見えてくるものだからです。

　ユーザーに本当に役立つDXを生み出すには、様々なアイデア、情報、知見が必要です。DXに期待するユーザーの立場に身を置き、買い手側の目線で考える「マーケットイン」の発想が求められます。

DX2.0には専門組織とリーダーが必要

　現状の国内のDXの取り組みを見ると、「DXはITの領域」という DX1.0の考え方に基づいて、「とりあえずIT部門に投げておく」という方法で取り組んでいる会社が多いのが実情ではないでしょうか。その施策は決して無意味ではなく、ある段階までは必要なフェーズと言えます。DX1.0相当のサービスの実現は確かにIT部門の領域であり、ITの知見を生かすことでうまくいくものが大半だからです。

　しかしDX2.0フェーズになると、そのままの体制では回っていきません。事実、IT部門に丸投げしている企業の多くがデジタル化で止まってしまい、DX2.0に進めずにいるように見えます。

　この壁を乗り越えるには、DXの取り組みを「組織」と「意識」の両面で変えていく必要があります。

　組織面から変えていくためのポイントは2つあります。1つ目は、DX推進を専門とする部署やチームをつくることです。DX専門のチームをつくり、役割や成果に応じた待遇を整備したり、DXに必要な権限などを提供したりすれば取り組みは進みやすくなるでしょう。部署をつくることにより、経営方針としてDXに積極的に取り組もうとしていることも社内に伝わりやすくなります。

　2つ目は、DX専門の組織に専任のリーダーを配置することです。DXで成果を上げている米国の大手企業や公共機関では、CDOという役職が増えています。Chief Digital Officer（最高デジタル責任者）、またはChief Data Officer（最高データ責任者）のことで、CEO（最高経営責任者）、COO（最高執行責任者）、CFO（最高財務責任者）などのように、経営目線で組織のDXを推進する人のことです。

　国内でも菅義偉内閣のもと、21年秋をめどにデジタル庁の発足を目指しています。新型コロナウイルス対策として1人10万円を支給した特別定額給付金の手続きでマイナンバーがうまく機能しなかったこともあり、各省庁を横断的にデジタル化、DXを推進する考えです。

　米国企業のDXはCDOがキーマンとなって推進し、DXの成否を分ける存在となっています。CDOが企業の存亡を決すると言っても決して大げさではないほど、その役割は重要であるため、DXを成功させて企業を成長に導いたCDOには、CEOへのキャリアパスが確立しています。
　世界のCDOクラスの経営層が集うコミュニティーである「CDO Club」のWebサイトには、「CDOからCEOになった101人」のリストが掲載されています（101 CDOs Who Have Become CEO）。
　18年2月までにCDOからCEOに転じた事例の記録のため、18年は4人しかカウントされていませんが、12年6人、13年6人、14年10人、15年23人、16年30人と、その数は増加傾向です。

　CDOの役職が最初に広まったのは、メディア、出版、音楽などの業

業界別デジタル・ディスラプションの発生可能性

順位	業界	順位	業界
1位	テクノロジー	7位	旅行・ホテル
2位	メディア、エンターテインメント	8位	消費財製造
3位	小売り	9位	ヘルスケア
4位	金融サービス	10位	公益事業
5位	通信	11位	石油・ガス
6位	教育	12位	製薬

出所：マイケル・ウェイド他著『対デジタル・ディスラプター戦略』日本経済出版社

界からだと言われています。

　これは、市場秩序を破壊（ディスラプト）される危機が迫っている業界と重なります。国際経営開発研究所（IMD）と米シスコシステムズが共同で設立したグローバルセンター・フォー・デジタルビジネス・トランスフォーメーション（DBTセンター）が15年、デジタル新技術によるデジタル・ディスラプションの脅威について調査し、その発生可能性を業界別にランキングしたのが42ページ下の表です。危機意識を持たざるを得ない業界で早期にCDOが設置されたと言えるでしょう。

　DBTセンターは、デジタル・ディスラプションにのみ込まれることを「デジタルの渦」と称して、渦の中心に近い順にランキング上位の業界名を配置する概念図を作りました。ただし、順位が下位でも安心はできません。渦は混沌として予測不能で、外側にあったものが急速に吸い寄せられるケースもあります。コロナ禍においては、7位の旅行・ホテルがダメージを受けることになりました。

　24ページで挙げた電通デジタルの「日本における企業のDX調査」では、日本企業でどのポジションの人がDXリーダーを担っているか、調査しています（44ページの下図）。19年9月の調査時点で最も多かったのは、情報システム部門の責任者であるCIO（最高情報責任者）でした。まだDXがIT領域の管轄にあることを物語る人材配置ですが、前年（18年）と比較すると、CIOは7ポイント減少し、代わりにCMO（最高マーケティング責任者）が4ポイント増加。また、リードすべき理想の役職者についてはCDOが前年より3ポイント増えていました。日本企業でもCDOが徐々に浸透しつつあります。

　DX推進組織の有無、DX専任役職者の有無が、DXの成果とどう関係しているかをグラフ化したのが45ページ上図です。「成果あり」と回答した327人の勤務先のうち7割弱にDX推進組織およびDX専任役職者の両方を設置していることが分かりました。

　反対に「成果あり」と回答した人が2％しかいない企業は、「DX推進組織もDX専任役職者もいない」「DX推進組織はワーキンググループの形で、DX専任役職者はいない」というパターンでした。DXで成果を上げるには、推進のための組織と専任役職者を置くことが必要条件と言えそうです。

　続いて、経営トップのコミットメントの有無、および推進方法（トップの関与）が、DXの成果とどう関係しているかを見てみましょう（右ページ下図）。成果ありと回答した327人の勤務先のうち93％で経営トップがコミットメントしていることが分かります。

　トップの関与については、「経営トップ直轄で推進」（39％）よりも「役職者に権限を委譲」（54％）しているパターンが多いという結果でした。反対に、経営トップのコミットメントがなく、トップの「関与なし」または「推進の指示のみ」の場合、成果が出る可能性は極めて低くなります。

日本企業でもDXのリード役はCIOからCMO、CDOへ

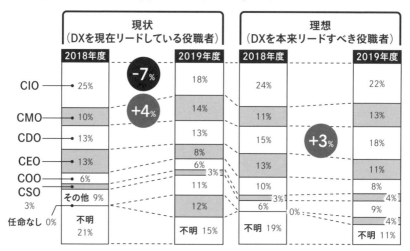

DX推進組織の有無、専任役職者の有無と成果の関係

推進組織	あり	あり	（ワーキンググループ）	（ワーキンググループ）	なし
専任の役職者	いる	いない	いる	いない	いない

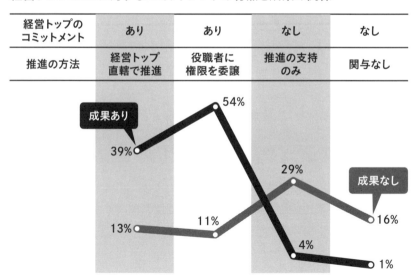

成果あり 68%
26%
21%
19%
14%
8%
成果なし 17%
2%
24%
2%

経営トップのDXに対するコミットメントの有無と成果の関係

経営トップのコミットメント	あり	あり	なし	なし
推進の方法	経営トップ直轄で推進	役職者に権限を委譲	推進の支持のみ	関与なし

成果あり 39%
54%
13%
11%
29%
4%
成果なし 16%
1%

DXリーダーに必要な3つの知見

　米国のCDO Clubによると、DXのリード役となるCDOには4つの役割があるとしています。

　1つ目は新たな収益を生む商品を見つけ出すこと、2つ目はデジタル化によるコスト削減、3つ目は顧客体験を向上させること、4つ目はオペレーションの効率化です。

　下表の通り、CDOの役割を果たすためには、ITやデジタル以外にも幅広い能力が求められます。

　DXはITの領域という発想の場合、DXをCIOに任せがちですが、ITの知見偏重では、「1.新たな収益を生む商品を見つけ出すこと」や「3.顧客体験を向上させること」がどうしても弱くなります。その不足分を補うには、社外でどんなサービスが求められているかを把握するマーケティングの知見が必要です。

　また、DXに取り組むためのリソースを確保したり、DXを通じた新

CDOが管轄する領域は広範に及ぶ

CDOの役割	新しい収益を生むビジネス	合理化、経費節減	顧客体験の向上	オペレーションの効率化
米国の状況	CDO、CRO	CDO、COO	CDO、CMO	CDO、COO
日本の責任部署	新規事業事業企画部門	総務、経理、IT部門	マーケティング	総務、生産、IT部門

・CRO：Chief Revenue Officer 最高収益責任者
・COO：Chief Operating Officer 最高執行責任者
・CMO：Chief Marketing Officer 最高マーケティング責任者
CDOが管轄する領域は広範に及ぶ

たな収益モデルや会社の成長戦略を描いたりする経営（ビジネス）の知見も不可欠です。

　下図にある3点のスキルを押さえたリーダーがDX推進を主導すれば、DX2.0に向けた取り組みがスムーズに進みやすくなるでしょう。
　リーダーの素質を持つ人を社内で見つけ、リーダーに任命するのが理想的ですが、そのような人材が社内に見当たらなければ、外部から登用したり、あるいはCDOのシェアリングサービスやコンサルティングなどを利用したりするのも1つの方法です。実際、DXで成功している米国企業では、CDOを外部から登用しているケースがよく見られます。
　そのような選択肢も含めて、優秀なCDOが率いるDX専門の組織をつくることが、DX時代において経営がやらなければならないことの1つだと思います。

DX推進リーダーに求められる3つの知見

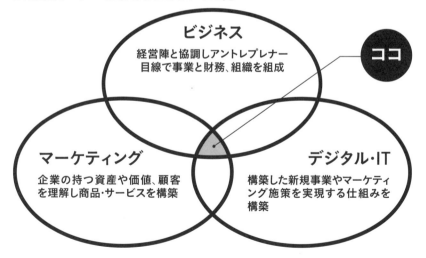

2-5
マーケティングと経営の結びつきが重要

　前項（2-4）で、DX推進リーダーに必要な3つの知見を挙げました（デジタル・ITの知見、ビジネスの知見、マーケティングの知見）。

　このトライアングルで問題になるのが、ビジネスとマーケティングの結びつきがあまり強くないことです。

　マーケターのキャリア構築の支援を目的に19年3月に設立されたマーケターキャリア協会（MCA、東京・渋谷）の発起人の1人で事務局長を務める中村全信氏は、「国内のマーケティング部門は営業や販売の間接部門として捉えられていて、経営との連携機会が少ないように思います。マーケティング業務が商品の宣伝に集中しているケースが多いのではないでしょうか」と語ります。「マーケティングは経営そのものであり、マーケティングに携わる人は経営マインドを持つ必要がある」というのがMCAのスタンスです。

　多くの日本企業で、マーケティング担当者が数年単位で異動するため、一線級のマーケターがなかなか育ちません 。マーケターとしてのキャリア、経験、知識、技術を磨くことによって将来的に経営に大きく貢献できるにもかかわらず、その可能性が消えてしまうのです。

　MCAが19年2月、事業会社のマーケター76人を対象にアンケートを実施したところ、「現在の自分の仕事内容」については満足している人が66％と多数を占めるものの、「自分の仕事に対する経営層の理解」は満足している人が42％、「能力開発のための社内サポート体制」は同37％となっています（49ページ下図）。

　米国のDX成功例を見ると、各企業や機関にマーケター出身のCDOがいます。米国ではCDOの他、CDMO（Chief Digital Marketing

Officer）、CDIO（Chief Digital & Information Officer/Chief Digital Innovation Officer）、CDAO（Chief Data & Analytics Officer）といった役職名でデジタルとマーケティングの両方を担うケースが多くあります。

　日本企業の状況を変えるには、経営側がマーケティングの役割を再定義して、経営との接点を増やす必要があるでしょう。マーケターの教育に力を入れ、マーケターのキャリアパスを描くことも重要です。現場にいるマーケターも、仕事内容やその地位について、経営分野で存在感と権限を高めていく取り組みが求められます。

　具体的には、例えば市場調査を通じたマーケット分析は経営向けの提案につながりやすいでしょう。マーケターは物事を整理するのが得意です。マーケットにある外的要因を分析し、自社の課題、競合の状況、産業構造などを踏まえて戦略を計画することができます。

　その能力とノウハウはそのままDX推進の計画立案に生かせます。例えば、コロナ禍前と現状のマーケットを比較することにより、新たにデジタル化が求められるようになったサービスが見つかるかもしれません。マーケットインの発想で次の収益となる商品を開発できる可能性もあります。そのような提案は、経営側でDXが重視されている今だからこそ採用されやすいでしょう。

事業会社のマーケターの仕事、評価、理解、サポート体制への満足度
※「とても満足している」+「満足している」と回答した人の割合

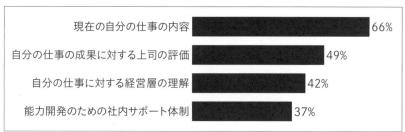

現在の自分の仕事の内容	66%
自分の仕事の成果に対する上司の評価	49%
自分の仕事に対する経営層の理解	42%
能力開発のための社内サポート体制	37%

2-6

「アナログで十分」の壁を
突き破ったコロナ禍

「アナログで十分」の壁

　DXに取り組む意識面の変革としては、DXを急ぐ必要性と、出遅れることへの危機感が重要と言えるでしょう。日本の場合、実はここにDXが遅れている原因があります。なぜなら、諸外国と比べて日本はアナログで生きることが割と快適であるため、DXの必要性を感じにくく、出遅れやすいのです。

　新型コロナウイルス対応の緊急経済対策として、1人当たり一律10万円を支給した特別定額給付金についても同じことが言えます。政府は申請に向けたインフラとしてマイナンバーカードを使おうと考えました。しかし、国民はカードがなくても特に不便を感じていなかったため、カード保有者数が頭打ちになっていました。

　また、実際の給付に関してもカードの処理に想定以上の時間がかかり、郵送手続きという以前からあるアナログの方が現金を早く受け取れるという事態になりました。日本のアナログ環境が相対的に快適であることを示すエピソードといえるでしょう。

　社内でDXの必要性と危機感を醸成するのはDX推進部門のリーダーの役目です。そのため、DXの取り組みでは組織の方が意識よりも先と言えます。

　ただ、現実には新型コロナウイルスの影響があり、必要性と危機感が広まりました。ユーザー側は、例えばZoomを使うリモート会議や飲食店のテークアウトをフル活用してDXの必要性を実感しています。事業者側は、来客数の急速な低下に危機感を持ち、既存のサービスの

オンライン化などに取り組んでいます。

DXできていない低次の欲求にも注目

新型コロナウイルスの影響でZoomなどのビデオ会議が急速に普及したことからも分かるように、DXは「もっと便利に」という要求だけでなく、「不便を解消したい」「危険を回避したい」といった欲求もきっかけになります。

マズローの図に当てはめるなら「もっと便利に」が高次元の要求であるのに対して、不便の解消や危険回避は低次の欲求です。

Zoomなどのビデオ会議がコロナ禍以前から米国で普及していたのも、国土が広く、会議のための移動が大変という事情が関係しています。米国では01年の「9.11」以降、空港の検査が厳重になり、国内線でも検査のために2時間前に到着する必要があるなど、国内出張でも日本の海外出張並みに手間がかかります。

つまり、移動時間を節約したい、移動のための準備が面倒、移動中の危険を回避したいといった課題が、会議の効率化という需要を生み、リモート会議という手段につながったのです。

日本では、東京―大阪間程度の距離であれば気軽に日帰り出張で行き来できます。九州や北海道でも、空港に近い街や都市部であれば飛行機で日帰りするケースが多いかもしれません。

この移動が米国よりも不便ではないため、新型コロナウイルスの影響を受けるまでアナログな会議を変えようという意識がなかなか醸成されなかったのです。

コロナ禍がDXの潜在的な需要を浮き彫りにした格好です。DX1.0で、世の中はそこそこに便利になりました。多くの人が、デジタルへの置き換えはほぼ終了したと思っていました。しかし、その中にはま

だまだデジタル化できる要素もありました。対面を前提とする会議を
リモートにすることがその典型的な例です。

　また、新型コロナウイルスの影響が深刻化したことで、それ以前の
社会では当たり前だと思っていたこと、「そういうもの」と割り切って
我慢していたこと、我慢というほどの痛みには感じていなかったこと
なども、「もしかしたらDXで便利にできるのではないか」と気づくこ
とになりました。ファストフード店のカウンターに並んで注文したり、
印鑑を押すためだけに出社したりすることがその例と言えるでしょう。

　Withコロナ／アフターコロナの時代では、デジタルに置き換えきれ
ていなかったDX1.0の領域と、「もっと便利」にするためのDX2.0の
領域の両方に目を向けて、DXを考えていく必要があります。

　非接触を前提として、働き方と暮らし方の両面でニューノーマルを
実現していくために、DXは「待ったなし」ですし、Withコロナ／ア
フターコロナの時代の課題解決に対応できなければ、企業活動が成立
しなくなる可能性もあります。

　「どうやって変えれば良いか」はIT目線で見えてきます。「何を変え
れば良いか」を把握するためには、マーケット視点に立って、利用者
や消費者側から考えてみる必要があります。

DX思考で
トランスフォームするタニタ

　20年の夏は、新型コロナウイルスの影響で夏休み恒例のラジオ体操を中止したところが多かったようです。そんな中、体組成計・体脂肪計メーカー大手のタニタ（東京・板橋）が、20年7月15日から9月末日までの平日毎朝8時30分から「タニタ体操」をライブ配信していました。同社のタニタ体操Instagramアカウントから、インストラクターがポイントを解説しながらレクチャーする、5分間のインスタライブ配信コンテンツ。タニタグループ社員が、健康経営の取り組みの一環として毎朝行っているエクササイズです。

　ちょっとした夏休み企画ではありますが、この取り組みはタニタが掲げるコーポレートメッセージ「『健康をはかる』から『健康をつくる』へ」に合致するものです。

　タニタは、1959年に家庭用体重計を「ヘルスメーター」の名称で発売して以来、「世界初」「日本初」の商品を世に送り出してきました。乗るだけで計測できる業務用体脂肪計（92年）、家庭用体脂肪計（93年）、そして「筋質点数」を導入した体組成計（2015年）は、世界初の商品です。その技術を基に、普及価格帯の家庭用商品もいち早く展開してきました。

　タニタの成長、進化は大きく3軸でまとめられます。1つ目は、体重計・計測器メーカーとしての商品開発。2つ目は、レシピ本の大ヒットをきっかけとした外食事業への展開。3つ目は、各種健康データを基にした健康プログラムの展開です。体組成計などの商品開発が「健康をはかる」、外食事業と健康プログラムが「健康をつくる」に相当します。

　タニタは、DXという言葉が登場するはるか前から、「人はなぜ体重

2章　DXにはマーケティング視点が必要だ

計を買って乗るのか？」を考えてきました。「えっ、自分の体重、体脂肪率を把握したいからでしょ？」。それはそうですが、大切なのはその手前の把握する目的です。「目標体重まで減らしたい」といったダイエット願望が動機付けとなっているケースが多いでしょう。広い意味で「健康であり続けたい」という願いが、体重計に乗ることを習慣付けているわけです。

　体重計というモノビジネスを突き進めると、進化の方向は測定の正確性に向かいます。しかし体重を1グラム未満まで精密に量れることを一般の利用者は求めていません。ニーズがあるのは、減量というコトビジネスです。タニタはここに踏み込み、同じ身長・体重でも肥満の人と肥満ではない人がいることから、体脂肪や筋肉量、骨密度などを研究し、それらを測定できる体脂肪計、体組成計の開発、商品化に至りました。

　タニタのコトビジネスはさらに広がりを見せます。かつて減量希望者向けの会員組織「ベストウェイトセンター」で提供していた減量メニューを、センター閉鎖後に設置したタニタの社員食堂で提供するようになり、500キロカロリー前後と低カロリーながら食べ応えがあって健康的にやせることができるという評判から、社食メニューを書籍化する話が持ち上がりました。そのレシピ本『体脂肪計タニタの社員食堂』（大和書房）は、続編も含めて500万部を超えるベストセラーになり、外食産業に打って出ることを決断。「タニタ食堂」、さらには「タニタカフェ」を出店しました。

健康寿命を延ばす旗振り役に

　3つ目の「健康プログラム」では、07年から子会社のタニタヘルスリンクが健康習慣づくりのためのWebサービス「からだカルテ」を運

営しています。体組成計、歩数計、血圧計の測定値をグラフ表示し、ダイエットシミュレーションが可能です。また同社は、主に健康経営を目指す企業や健康長寿を目指す自治体に向けて14年から「タニタ健康プログラム」を提供。さらに18年9月、パートナー企業と共に健康・健診情報を集約した健康プラットフォームを構築し、一人ひとりに合わせた行動変容を促す健康サービスを提供することを発表しました。

健康プラットフォームに、「タニタ健康プログラム」で蓄積した体組成や運動の計測データ、食事データなど約80万人分の健康データや、産学協力機関のデータを投入することで、生活習慣病を引き起こすメタボリックシンドロームの発症リスクを予測したり、最適な健康プログラムを個別に提示したりすることが可能になります。

このサービスのポイントは、個人の生活スタイルや趣味・嗜好から、「楽しい」「続けたい」と思える健康コンテンツ・プログラムを提供することで行動変容を促し、結果として楽に利用者を健康にしていくところにあります。

健康プログラムは様々な企業、団体が提供していますが、頓挫、挫折してなかなか続きにくいという問題があります。メタボ解消を苦行ではなく、楽しみながら達成できるものにできれば、健康寿命を延ばし、医療費の削減にも寄与できることになります。

例えばゲーム好きのユーザーには「ポケモンGO」のような位置ゲームを提供することで、目標歩数をクリアさせやすくなるでしょう。健康データにモチベーションを高める仕組みまで掛け合わせるタニタの柔軟な取り組みは参考になるはずです。

体脂肪計、体組成計といったモノづくりのメーカーが、外食事業へ、そして健康データを基に産学で連携して健康ソリューションを提供する企業へ。タニタは着実にトランスフォームしています。

2章 DXにはマーケティング視点が必要だ

3章

マーケティング視点の
DXの4Pとは

マーケティング視点の
DX(DX2.0)の4P

　DXを実行する側から見ると、DX1.0が基本的にIT視点であったのに対して、DX2.0はマーケティング視点を持って実現していくという違いがあります。

　マーケティング視点は、商品・サービスにお金を払う消費者側の目線で見ることを意味します。消費者の立場になって、商品やサービスの必要性や重要性、「提供価値」「ベネフィット」と呼べるものは何かを追求する必要があります。消費者ニーズには、マーケティングリサーチで消費者モニターからヒアリングしたり、SNSの投稿から消費者の声を抽出したりすることで把握可能な顕在化されている内容もあれば、消費者の無意識に隠れていて言語化されていない、"インサイト"と呼ばれるものもあります。

　では、マーケットのニーズを把握して望ましい反応を引き出すためにはどうするか。マーケティング戦略の立案において、「4P」と呼ばれる有名なフレームワークがあることはご存じでしょう。

製品 Product	価格 Price
何を売るか	いくらで売るか
特徴、品質、商品デザイン、パッケージ、アフターサービス　など	販売価格、卸値、支払い方法、値引き、送料　など

流通 Place	プロモーション Promotion
どうやって届けるか	どうやって知らせるか
店舗、立地、出店戦略、EC、物流、在庫など	セールスプロモーション、営業、広告宣伝、PR・広報　など

　DXにおいても、マーケットと向き合うために何らかのフレームワークがあった方がよいでしょう。

　そこで私が考案したのが、DX2.0（マーケティング視点のDX）の4Pです。

　まず「Problem」（課題）。マーケットが顕在的、潜在的に求めていることを探り、DXで解決可能な課題を定義します。

　続いて「Prediction」（未来予測）。定義した問題が解決された、理想的な働き方や暮らし方、生活像を予測し、その実現のために必要なDXを考えます。現状の進化で数年後にたどり着くことが予想できるものではなく、また全く非現実な空想でもない設定が重要です。

　次に「Process」（改善プロセス）。働き方や暮らし方の改善プロセスを整理し、DXで改善できる部分と、その導入方法を考えます。

　最後に「People」（人の関与）。DXが人に与えるメリットや、あえて人が関与した方が良い部分はどこか。どんな人でもその過程に参加できるための文化や組織、制度を考えます。

DX2.0（マーケティング視点のDX）の4Pモデル

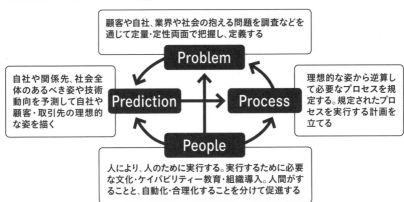

DX2.0の4P(その1) 「Problem」(課題)

ユーザーが抱えている課題は何か

それではDX2.0の4Pについて、順を追って解説していきましょう。Problem（課題）では、DXで解決したい、解決でき得る課題を定義します。マーケットの課題を見つけ出し、それをDXで解決するという順番で取り組んでいくことが、マーケティング視点のDXの基本姿勢です。

課題を考える際のポイントとして、表層的な問題だけではなく潜在的な問題を考えるようにするとよいでしょう。「当社の売り上げが減少している」というのは表層的な問題です。そこを見るだけではなかなかDXの案も浮かびません。注目したいのは、売り上げが下がっている理由や事情や背景です。

消費者が抱える課題としてありそうなのが、「商品を買いに出かける時間がない」「移動手段がない」「手続きが面倒くさい」——など。顧客目線で見ると、商品を購入するまでの流れが複雑なのかもしれません。そのような点に目を向けることで、DXで解決できる課題も見つけやすくなるだろうと思います。

課題意識を深掘りする必要がある

Problemの定義は、DX2.0を実現する出発点であり、最も重要なポイントです。と同時に、実はここが最も難しいところでもあります。

日本は他国と比べてアナログで提供されてきた商品・サービスのクオ

リティーが比較的高いため、顧客がそれほど不満に感じていなかったりします。あるいは内心不便に思っていても、「そういうものだ」と思い込んでいて、リサーチを重ねても不満・不安が出てこない、引き出せないことがあります。課題意識が表に出ないため、DXで解決可能な課題や問題も把握しづらく、設定が難しくなります。

　例えば、日本では街中の至る所に飲料の自動販売機があります。小銭があればジュースが買える環境は便利です。もし自販機を壊して現金を盗むような犯罪が多ければ、自販機が減るか、電子マネーで買う仕組みに変わっていくでしょう。ひったくりや強盗の発生件数が多かったり増加傾向にあったりすれば、やはり現金を持ち歩くことに対して慎重になります。相対的に犯罪発生件数が少なく減少傾向にある日本では、現金を持ち歩くことにあまりリスクを感じることもなく、現金で支払うアナログな購買行動が変わりにくい背景があります。

　事業者側から見ても、日本は偽札をつかまされる事件がめったになく、現金決済から電子決済に変えたいというモチベーションが盛り上がりません。米国ではカード決済のみ、現金は取り扱わない店舗がありますが、日本は逆です。

　現金の信用に不安がある国では、その課題を解決するために、クレジットカードやデビットカードの決済が普及し、スマホを使うモバイル決済も普及します。スマホ決済が増えれば、世の中のスマホ利用リテラシーが向上し、Wi-Fiをはじめとするスマホの使用環境も整っていきます。

　幅広い層がスマホを使って利便性を感じることで、「もっとこんなことができたら」といった欲求も生まれやすくなるでしょう。例えば「好きなだけ映画と音楽を楽しみたい」「スマホから会議に参加したい」といった具合です。

　スマホで享受できるサービスが次々と広がっていく、その元をたどると、「偽札が不安で現金を使いたくない」という課題から始まっているわけです。

　ひるがえって日本の場合、偽札が少なく、現金決済に致命的な不便さもないため、スマホ決済を積極的に進めるモチベーションがどうしても弱くなります。

　ここでも、「スマホ決済が進みにくい」という表層的な現象面を見ているだけでは、課題の設定から行き詰まってしまいます。潜在的な問題を考えることがポイントになるでしょう。

　「現金で特に支障はない」の奥に眠る欲求にたどり着くためには、現金決済のリスク、手間やスピード、使い勝手などに目を向けて、マーケティング視点で課題を探していくことが大切です。

電子マネー導入のメリット比較

問題点／導入環境	海外	日本	コメント
問題点: 偽造紙幣・貨幣	× 偽札などが横行	○ 偽札が少ない	日本では安心できる現金システム
問題点: 現金の犯罪率	× 現金が盗まれやすい	○ 現金強盗が少ないタンス預金	自販機を安全に使える。現金強盗が少ない
環境: スマホ利用リテラシー	○ 子供・老人でも使える	△ 苦手な人が多い	タイプ文化、有線より無線が広まる
環境: カード文化	○ クレジットカードが基盤になっている	△ 現金が基盤になっている	海外ではほぼカードが使える環境。現金が使えない店も

日本ではProblemが顕在化していないケースが多い

DX2.0の4P（その2）
「Prediction」（未来予測）

「あるべき姿」から必要な取り組みを考える

　Prediction（未来予測）は、定義した問題が解決された、理想的な働き方や暮らし方、生活像をイメージし、そこから逆算で考えながらDXを実行していくアプローチです。ポイントは逆算で考えることです。これをバックキャスティングと言います。

　従来のDXは、足元の技術で実現できること、または、目の前にある課題を解決することを目的に実行するフォアキャスティングの取り組みが主流でした。

フォアキャスティングとバックキャスティング

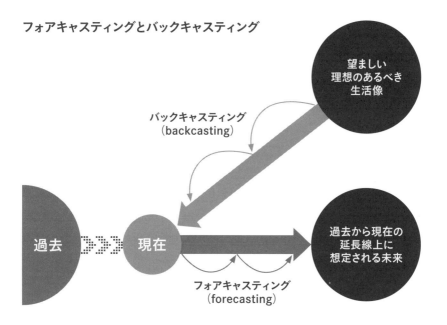

　例えば、「駅員が切符を切ったり、確認したりするのが大変」という課題に対し、自動改札をつくります。「切符を買うのが面倒」という課題に対してSuicaをつくります。まだアナログ遺産が多く残っている日本では、この考え方でデジタル化を進めることは引き続き重要です。

　ただ、フォアキャスティングだけでは、DX1.0からDX2.0の壁は越えられません。フォアキャスティングは一般的に顕在化している課題に対して解決策を考えます。そのため、潜在的な欲求を先読みし、「こんなものが欲しかった」と感激させるような案は出てこないのです。

　一方のバックキャスティングは、まず望ましい未来の姿を想像し、そこを出発点とします。望ましい未来を実現するために必要な技術が、現時点では存在していなくても構いません。現在の技術で実現可能かどうか、将来的に需要が膨らむかどうかといった議論もいったん脇に置きます。まずは理想を明確にして、そこから必要な技術を明らかにし、つくっていくということです。

未来を描くことが出発点になる

　バックキャスティングの好例として、米テスラの事業開発が挙げられます。現在の自動車技術を踏まえて自動運転の実現に歩を進めていくのがフォアキャスティングだとすれば、テスラはまず自動運転の社会になることを前提として、そのために必要な技術をつくり出しています。

　宇宙事業の米スペースX（スペース・エクスプロレーション・テクノロジーズ）に関しても同様です。

「いずれ人類が地球外に住む時代が来る」というPredictionから出発し、そのために必要な手段としてロケットを打ち上げています。DXでもこの発想を持つことで、マーケットの潜在的なニーズに近づくこ

とができ、「こんなものが欲しかった」と感激する高次元のDXが実現できるようになるでしょう。

　働き方に関しては出社せずに仕事ができるようになるのが理想かもしれません。その理想を実現するためには、リモート会議のような仕組みが必要になるでしょう。Zoomなどが普及したのも、このPredictionを出発点としてサービスをつくってきた結果と見ることができます 。それが、「他人との接触機会を減らし、安全な環境で安心して暮らす」生活スタイルを是とするコロナ禍で、一気にブレイクした格好です。

　コロナ禍では、街中や電車、店舗の混雑状況が分かる仕組みや、外出しなくてもサービスが受けられるリモートの仕組みなどが重宝されるだろうと思います。そのように考えていくことで、新しいDXの施策が思いつきやすくなります。

　DXが浸透する以前から、バックキャスティングの成功例は存在します。例えば、ソニーの「ウォークマン」は、音楽を持ち歩く世の中を想像し、そこが商品開発の出発点になっています。米アップルの「iPhone」もリリースしたのも、誰もが片手サイズのパソコンを持ち歩く時代が来るという前提があったからだと言えるでしょう。

「SpaceX」のWebサイトより

DX2.0の4P（その3）
「Process」（改善プロセス）

まずはデジタル化、次にデジタル活用

Process（改善プロセス）は、商品やサービスの提供や導入方法のことで、デジタル化などの手段によって快適に変えることを指しています。働き方や暮らし方の改善プロセスを整理し、DXで改善できる部分と、その導入方法を考える必要があります。

例えば、1つの商品が製造元から顧客の手元に届くまでのプロセスを分解してみると、受注、製造、製造の品質や工程管理、発送、決済、顧客情報の管理といった要素があります。

より良い商品を開発するためには需要予測やフィードバックも重要なプロセスですし、製造、発送、決済の過程で他の会社と協業したり、そのために密に連携したりするプロセスも含まれるかもしれません。

これらを細かく見ながら、改善できる部分を探し、そのための方法を考えるのがプロセスへのアプローチです。

プロセス改善の主な方向性としては、可視化と効率化が挙げられるでしょう。可視化は、例えば、SNSで顧客の反応を把握したり、IoTで製造工程を管理したりといったことです。効率化は、AIによる需要分析、RPA（ロボティック・プロセス・オートメーション）による業務の自動化、MA（マーケティングオートメーション）による顧客の分類や顧客情報の管理などが含まれます。

つまり、プロセスへのアプローチは、どの部分を可視化し、どの工程を効率化すると事業がうまくいくようになるかという視点で自社の業務や商品の流れなどを見ていくことがポイントです。

プロセス改善は、デジタル化やデータへの置き換えが終わっていないものを探すDX1.0と、すでにデジタル化されている商品などをさらに便利に提供するDX2.0の視点に分けて考えると良いと思います。

　例えば、サブスクリプション型の契約は、商品やサービスの提供方法や決済方法を変えたDX2.0の成功例です。そしてその導入を簡単にできるZuoraやPianoといったツールも数多く出てきました。

　従来であれば顧客は、CD、DVDなどを購入するために店に出向く必要がありました。このプロセスをDXによって効率化しました。ただし、サブスクで商品を提供するためには、商品そのものがデジタル化されている方が効率的です。

　つまり、コンテンツ提供型サブスクビジネスの成功は、CD、DVDなどをデジタル化するDX1.0のステップと、デジタル化した商品をオンラインやサブスクのより便利な方法で提供するDX2.0のステップを経て生まれているということです。

　その他のサービスについても同じことがいえるでしょう。例えば、新型コロナウイルスの影響を受けて飲食店ではテークアウトやデリバリーが増えています。手元のスマホで注文でき、食べたいものが安全に手に入る環境は、DX2.0が生み出した大きな成果の1つです。

　ただし、そのためにはメニューをデジタル化しておく必要があります。「テークアウトできます」「デリバリーできます」といった新しいサービスを効率良く伝えるために、顧客情報をデータ化しておく必要もあります。店頭に「テークアウト始めました」と貼り紙をすることもできますが、その方法では周知させる力は限定的です。

　「来店してもらい、料理を提供する」という既存のプロセスを「スマホで注文してもらい、店外で提供する」というプロセスに変えるためには、メニューや顧客の情報をデジタル化するDX1.0の準備と、スマホ注文やオンライン決済のシステムをつくるというDX2.0の取り組みが

両方必要ということです。それにメルマガやSNSなどで顧客と直接つながるとさらに継続性の強いビジネスが構築されることになります。

ユーザーが満足する改善を考える

　プロセス改善の第1段階であるDX1.0ではIT視点が求められます。また、プロセス改善の第2段階となるDX2.0ではマーケティング視点が必要です。ここにプロセス改善を成功させる鍵があります。

　サブスクやスマホ注文のような便利なサービスに変えるためには、IT視点とマーケティング視点を組み合わせることが重要であるということです。それぞれの特徴を簡単に押さえておくと、まずIT視点は、セキュリティー、コスト、効率などにフォーカスしてサービスを変えることができます。一方のマーケティング視点は、使い勝手やユーザーの満足度にフォーカスしながら、ユーザーの課題解決につながるサービスを生み出すことができます。

　オンライン注文を例にすると、メニューをPDF化したり、キャンペーン情報などを一括発信したりといった取り組みはIT視点の得意な分野で、それなりにオペレーションを効率化できます。

　ただし、店側はそれなりのメリットが得られますが、消費者側が得られるメリットは限定的です。

　紙のメニューがタブレットになっても、お得な情報が定期的に届くようになっても、店に出向いて商品を買うという基本的な購入プロセスは変わらないからです。その部分を変えるのがマーケティング視点です。

　例えば、消費者はアプリで注文したいと思っているかもしれません。在庫数、注文状況、配送状況などをリアルタイムで知りたいと思う人もいることでしょう。

そのようなニーズが分かれば、例えば、料理ならウーバーイーツなどと連携してデリバリーする仕組みがつくれるかもしれません。ただしメニューや在庫、顧客の情報がデジタル化されていなければそもそも実現しないので導入はまずはDX1.0から始めることになります。

　DX1.0がそろっていれば商品の発送状況や配達状況が見られるアプリを作り、求められている情報を提供することもできます。

　自社の仕事のプロセス改善も同じです。例えば、社内のコミュニケーションプロセスの改善に取り組む場合、IT視点で取り組むと、セキュリティーやコストに目が向きやすくなります。なぜならそこがIT視点で重視する点だからです。

　その結果、セキュリティーが担保できるシステムに絞り、他部署との連携性が悪くなったり、出社しないと使えなかったりといった条件がついてしまうことがあります。利便性が高いのはVPN（Virtual Private Network）の導入ですが、コストがかかるのでやめようと判断することもあります。

　IT視点だけで見れば、これは決して失敗ではありません。セキュリティーを強化し、コストを抑えることがIT視点で考えたときの命題だからです。しかし、ユーザーとなる社員は満足しないでしょう。社員としては、どこでも、いつでもコミュニケーションできる環境が理想です。部署間、拠点間にあるコミュニケーションの壁をできる限りなくし、連携しやすくしてほしいと思います。

　そのようなニーズを把握し、プロセス改善に反映させることが大事ですし、そこにたどり着くことで、ようやくプロセスは快適になり、便利になるのです。社内などプロセスのDXは実は日本企業で遅れている分野で、早急にDX1.0を推進しなければならないと考えます。

DX2.0の4P（その4）「People」（人の関与）

　4つ目のPはPeople（人の関与）です。DXが人に与えるメリットや、あえて人が関与した方が良い部分を考え、またどんな人でもその過程に参加できるための文化や組織、制度を考える必要があります。DXと人の関係に注目するアプローチで、重要なポイントは3つあります。

ユーザーの立場でメリットを考える

　1つ目は、DXのメリットをユーザー側の立場で考えることです。IT視点でデジタル化を進めることも大事ですが、ユーザーが「便利だ」「楽しい」「良くなった」と感じなければ意味がありません。そこにきちんと軸足を置けるように、ユーザーが何を求めているか調査し、DXでどんなメリットを提供できているか確認し、その結果としてユーザーがどう反応したか評価するマーケティング視点を持つことが重要です。これは商品開発も社内の変革も同じことです。

反対する人への説得、アプローチを試みる

　2つ目は、DXを浸透させる方法を考えることです。職場のDXを例にすると、DXは業務プロセスなどを大きく変える可能性があるため、そのような変化を歓迎する人がいる一方、反対する人が現れる可能性もあります。

　出社して働き、会議室に集まって相談するといった働き方に慣れている人や、これらアナログな方法に特に不便を感じていない人は、リ

モートワークやオンライン会議にも価値を感じないでしょうし、抵抗勢力になる可能性も大きいと言えます。

　実際、新型コロナウイルスの感染が深刻化するまでは、リモート環境などを駆使する働き方改革が遅々として進みませんでした。DXを推進し、普及させていくためには、彼らの共感を得て、DXの価値を感じてもらう取り組みが不可欠です。

　そのための方法としては、例えば、Predictionのアプローチで描いた理想的な未来が、彼らにとっても理想的であることを具体的に説明することができます。

　リモートワークが普及した社会ではどんな良いことがあるか、オンラインでコミュニケーションできる環境にどんなメリットがあるかといったことを伝え続ければ、少しずつかもしれませんがDXの価値を感じ、必要性を感じてくれるようになります。つまりどんな人でもその過程に参加してメリットを享受するための文化や組織、制度を考える必要があります。

　または、Problemのアプローチで課題意識を共有したり、課題を解決できなかったときに自分たちの会社がどのような問題を抱え込むことになるかを伝えたりすることで、DXを避けることや、既存のプロセスに固執することに危機感を持ってもらうこともできるでしょう。

　コロナ禍によって働き方や暮らし方の価値観が強制的に変わり、新しい生活様式が求められるようになった今は、抵抗勢力となっている人の意識を変える良いタイミングであると思います。

　社外に向けて自社のDXを浸透させる方法としては、顧客情報をデジタル化し、彼らとのつながりを強くしていくことが重要です。

　飲食店を例にすると、コロナ禍で来店客が激減したものの、中にはテークアウトやデリバリーで売り上げを確保できた店舗もあります。なぜそれができたかというと、常連さんを中心とする既存客とデジタル

でつながっていたからです。顧客情報があり、彼らとコミュニケーションできる手段が確立していたからこそ、モバイルオーダーのようなDXの取り組みを周知でき、売り上げに結びつけることができたわけです。顧客とのつながりを強くする手段としては、SNSが有効といえるでしょう。

　顧客とデジタルでつながる方法はいくつかありますが、従来型のメール会員のような環境と比べて、SNSは似た趣味を持つ人や属性が近い人が集まる傾向があります。共通点や共通項がある分、つながりが強くなり、「ちょっと好き」な人が「熱狂的なファン」になる可能性が期待できます。コミュニティーをつくり、ファンを可視化できる環境を持つことによって、経営も安定しやすくなります。そのようなデジタルでつながったファンは新しいDXの取り組みに興味を持ち、拡散してくれる人も増え、DXも浸透しやすくなるでしょう。

あえて人が関与する部分を残す

　3つ目は、デジタルに置き換えるプロセスと、人が関与するプロセスを整理することです。Withコロナ／アフターコロナ時代に向けてDXは"待ったなし"の取り組みですが、すべてのプロセスをデジタル化すればよいというわけではありません。そもそもデジタル化できないプロセスもありますし、あえてアナログのままにした方がよいプロセスもあります。

　例えば、吉野家には券売機がありません。機械に任せた方が効率的です。しかし、来店客と店舗スタッフのコミュニケーションを大事にするため、あえて口頭注文・支払いを続けています。

　どの部分をデジタル化するかは各企業や店舗の経営方針やサービスポリシーによりますが、あらゆることがデジタル化できる時代だから

こそ、デジタル化しないことによって対面や対人のおもてなしが引き立つケースも多々存在することでしょう。

DX2.0はマーケティング視点のDXであり、ユーザーがどう感じるかを重視します。「できるから」「簡単だから」「もうかりそうだから」「楽だから」といった理由でユーザーを無視したDXを行うと、かえってユーザーの不満を招き、本末転倒になる恐れがあります。

DXによって現在の仕事がなくなる人もいるかもしれません。しかし、人でなければできないことや今までなかった新しいケイパビリティーをつければ必要とされる仕事も多くあります。DXを実施するためにはその後の社内の働き方や新しいケイパビリティーも人間目線でPredictionして導入のProcessも考えないといけないでしょう。DXのPeopleは経営や人事総務などの管理部門、営業や開発部門、そして民間だけでなく自治体や政府などあらゆる組織で検討する必要があります。

本書完成間近の20年9月16日に誕生した菅義偉内閣は、目玉政策の1つに「デジタル庁の新設」を挙げ、平井卓也議員がデジタル改革担当大臣に就任しました。平井大臣は自身のWebサイトやSNSで「人間中心のデジタル化」を掲げています。まさにPeopleが重要な要素であると言えるでしょう。

さて、ここまでが4Pで考えるDX2.0のアプローチです。順番としては、社外や社内のProblemを探すところからスタートするのがよいと思いますが、マーケットの理想像が思い浮かんでいる場合はPrediction、業務や商品の提供プロセスの具体的な問題が把握できている場合はProcess、経営方針などと照らし合わせながら取り組みたい場合はPeopleなど、マーケティング視点さえしっかりと持っていれば、別のPからスタートしてもDXは推進できるだろうと思います。

3-6

DX2.0の4Pと4C

ユーザー側からも4Pを見てみよう

マーケティングの4P（Product、Price、Place、Promotion）は、商品・サービスを提供する事業者側の目線で考えるアプローチであるため、4Pを顧客目線から捉えた4Cに置き換えて考えることがあります。買い手側に立つ4Cを知ることにより、より強く消費者目線で考えることができるでしょう。4Pと4Cの関係は以下の通りです。

・Customer Value：顧客がどんな価値を手に入れることができるか。

マーケティングの4Pと4C関係

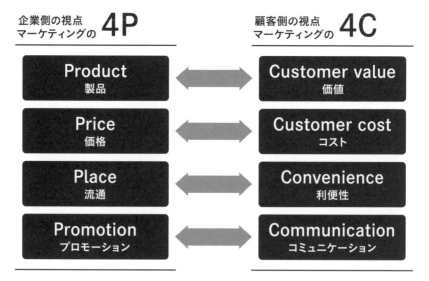

・**Customer Cost**：顧客にどのくらいコスト負担がかかるか。
・**Convenience**：顧客がその商品をどのくらい便利に入手できるか。
・**Communication**：売り手のメッセージがどのくらい届いているか、買い手の声がどのくらい聞こえているか。

　Customer Valueは、自社が持つ技術や既存商品のラインアップから考えるのではなく、顧客がこの商品を手にすることで解決できること、得られる価値、メリットなどから考えます。所持することで得られる多幸感など、情緒的価値も含みます。

　Customer Costは、顧客側にかかる負担です。単に商品価格だけでなく、維持するための経費、逆に避けることができる金銭・時間の負担など、トータルで考える必要があります。

　Convenienceは、入手しやすい方法の検討です。手間がかかる、時間がかかるは特に近年、敬遠される要素で、改善の余地があります。

　Communicationは、その名の通り双方向性が鍵になります。Promotion＝広告宣伝が総じて一方的になりやすいため、顧客側からのコミュニケーションにも対応するインタラクションが重要です。カスタマーサポートもその1つです。インターネット、スマホが威力を発揮する領域といえます。

　これにならい、DX2.0の4Pについても、顧客目線の4Cに置き換えてみます。以下のようになります。

　Consumer Value/Benefit（of the Future）は、マーケティングの4Cとほとんど同じですが、「将来的」な顧客への提供価値を考える点がポイントです。

　現時点のユーザーは課題を持っています。その部分をDXで解消す

ることで、ユーザーは、例えば、便利さ、楽しさ、効率の向上といった新しい価値を手に入れることができます。

　Cutting Cost, Time & Distanceは、Predictionで思い描く理想的な働き方や暮らし方の中で、ユーザーが削減できるものを表しています。

　例えば、商品のデジタル化によってユーザーは安く買えるようになります。インターネットやスマホを活用するDXで、商品を買いに行ったり、料理が出てくるのを待ったりする時間や、商品を取りに行く手間が削減でき、リアルの世界で購入の障壁の1つになる場所の制限を取り払うこともできます。コロナ禍においては、時間や移動の削減が、結果として接触機会や接触時間の削減にもつながります。

DX2.0の4Pと4C関係

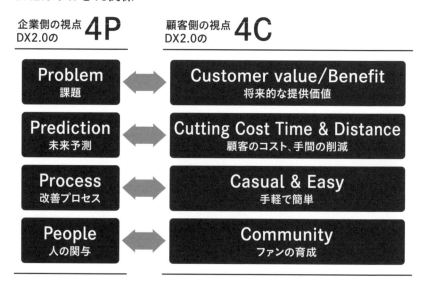

Casual & Easyは、DXにおける利便性の重要性を表しています。あらゆるProcessがデジタルに置き換えられている現代では、単にデジタル経由で商品などを入手できるだけでなく、その過程がすべてデジタルで完結でき、しかも簡単であることが大事です。

例えば、商品の購入は、商品の検索、Webサイト閲覧、レビューの確認、注文、決済、配達状況のチェックまでスマホで完結できます。プロセスのチェーンが長いため、ユーザーとしては、手続きが簡単で、面倒と感じない設計になっていることが大事です。また、DXのサービスは新しいものが多いため、不慣れな人は不安を感じます。未知のもの、未経験の領域に対する不安です。そのような心理的負担を与えない設計にすることで、ユーザーは気軽にDXのメリットを得られます。

Communityは、コミュニティーを形成してファンを育成する場をつくること。売り手側にとってはDXを浸透させていくための基盤となり、ユーザーにとっては意見や情報を交換したり、趣味や感覚が近い人と交流したりする場になります。

会社や店舗との関係性という点では、コミュニティーに参加することによって常連の立場を手に入れることができ、常連限定のサービスを受けられ、会社や店舗に近い立場として、一緒に事業を盛り上げ、良くしていく活動に参加できる楽しさが得られます。

マーケティングの4Pと4Cが基本的には同じ内容であるように、DX2.0の4Pと4Cも、アプローチする際に注目している要素は同じです。4Pでアプローチしていく過程で、マーケットを意識できているか、ユーザー目線に立っているかといったことを確認するときなどに、4Cの要素に照らし合わせてみてください。

企業事例編

富士フイルム

「Digitize or Die」、
フィルム市場喪失を乗り越え成長

会社概要とDXの取り組みの背景

　富士フイルムは、富士写真フイルムという旧社名の通り21世紀に入るまでフィルム事業で成長してきた企業です。写真フィルムで培った技術を生かして、液晶の偏光板保護フィルムや医療機器、医薬品など事業を多角化し、多分野で世界トップシェアの製品を抱えています。

　フィルム事業はかつて、同社の売り上げの6割、利益の3分の2を占める屋台骨でしたが、写真フィルムの世界需要は00年をピークに急減し、06年には半減、10年には10分の1以下にまで激減しました。

　そんな本業を喪失する危機を察知した富士フイルムは、積極的にデジタル化に踏み切ることで、事業を変容させながら成長を継続してき

カラーフィルムの世界総需要推移（2000年を100とした場合）

出所：『魂の経営』古森重隆（東洋経済新報社）p2より

ました。世界初のフルデジタルカメラ「FUJIX DS-1P」を開発した
のも、コンシューマー向けの普及機種「FinePix」シリーズを展開し
たのも同社です。カメラのデジタル化を進めるほどフィルム市場の縮
小は早まりますが、デジタル化は不可避と考え、自らデジタル領域に
乗り込んでいったのです。

　フィルム市場もまだ成長している時期にこの決断を下すのは容易な
ことではありません。富士フイルムと壮絶なシェア争いをしていた世
界トップのフィルムメーカー、米イーストマン・コダックは、デジタル
化の変化に対応できず、経営破綻しました。もちろんコダックもデジ
タル化の波は予見していましたが、デジタル化を進めればフィルムが

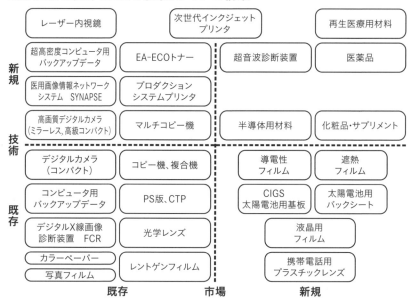

既存技術の棚卸しによる事業ドメインの構築

出所：『魂の経営』古森重隆（東洋経済新報社）p61より

縮小する"カニバリ"懸念から、次世代を担う事業への投資に踏み切れず、それが致命傷になりました。

　フィルムに代わる新しい市場、新しい成長戦略をどのように描いていくか。富士フイルムは自社が保有する技術の棚卸しに取りかかりました。

　使ったのは、「戦略経営の父」と呼ばれるイゴール・アンゾフが提唱した「アンゾフの成長マトリクス」。「製品」と「市場」を「既存」と「新規」で4象限に分類し、事業拡大の戦略を模索するフレームワークです。「既存製品×既存市場」は「市場浸透戦略」、「既存製品×新規市場」は「新市場開拓戦略」、「新規製品×既存市場」は「新製品開発戦略」、「新規製品×新規市場」は「多角化戦略」と位置づけられます。富士フイルムでは「製品」を「技術」として、可能性をマッピングしました。

　既存技術×既存市場は、X線フィルムやデジタルX線画像診断装置。インスタントカメラの「チェキ」もこちらです。レンズ付きフィルム「写ルンです」は今なお人気があります。

　既存技術×新規市場は、液晶用フィルム、携帯電話用プラスチックレンズなど。

　新規技術×既存市場は、レーザー内視鏡や医用画像情報ネットワークシステムなど。以前からX線フィルムやX線画像診断システムを通じて持っている医療界とのつながりを生かした開発です。

　そして新規技術×新規市場は、医薬品、「アスタリフト」でおなじみの化粧品・サプリメントが該当します。

　こうして既存の技術の転用や応用に取り組んだ結果、フィルムや印画紙など写真関連事業で培った技術、ノウハウを医療、化粧品、デジタルイメージングの分野に展開し、事業構造を大きく変換させました。

2002年3月期の売上構成

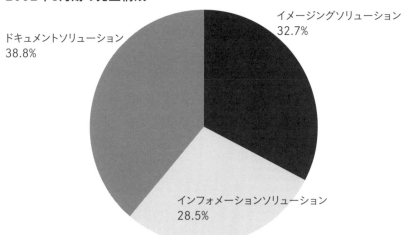

ドキュメントソリューション
38.8%

イメージングソリューション
32.7%

インフォメーションソリューション
28.5%

【インフォメーションソリューション】印刷用・医療診断用・情報システム用の各種システム機材、液晶電子ディスプレイ用部材、記録メディアなど

2020年3月期の売上構成

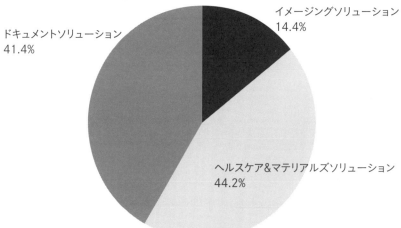

ドキュメントソリューション
41.4%

イメージングソリューション
14.4%

ヘルスケア&マテリアルズソリューション
44.2%

【ヘルスケア&マテリアルズソリューション】ヘルスケア、高機能材料、記録メディア、グラフィックシステム／インクジェット

成功のポイント

　富士フイルムの特徴は、「デジタル化をおろそかにしてはいけない」「DXを軽んじると危ない」という意識が浸透し、定着していることです。この危機感は、フィルム市場喪失という危機に直面し、破壊的イノベーションの威力を実感したときに芽生えたものと言えるでしょう。

　同社コーポレートコミュニケーション部マーケティング戦略グループ長の板橋祐一氏は、破壊的イノベーションについて、こう語ります。「戦（いくさ）に例えるなら、弓矢や剣で戦っていた時代は、それなりに訓練を受けなければ戦場に立てませんでした。スキルがなければ戦力にならないわけです。しかし、鉄砲が発明されてからは武術の心得がなくても戦力を発揮できます。破壊的イノベーションはそれに近い。戦い方の技法が根本的に変わることに破壊的イノベーションの本質があると感じます」

　デジタルカメラの普及は、単に写真をアナログからデジタルに置き換えただけでなく、写真関連の事業モデルをも変化させました。「フィルム事業は、写真を現像、プリントすることによってマネタイズする事業です。しかし、デジタルカメラやスマートフォンが普及することにより、写真のデータをやりとりするSNSでの広告や、その通信を支える通信会社がマネタイズするビジネスが生まれました」（板橋氏）

　こうした大変革に直面した経験が、富士フイルムのDXを推進する原動力になっています。「当時はデジタル化やデジタルマーケティングの重要性が、理屈では理解されつつ、なかなか実行に反映されないこともありました。しかし、デジタル化の威力が身に染みて分かったことでマインドセットが

変わりました。現在はどのような事業をするにしてもDXの視点で見るように変わっていますし、組織内においても、経営はもちろん、生産、研究開発、営業、間接部門に至るまで、全部署、全員がDXを意識するようになっています」(板橋氏)

　同社の取り組みでユニークなのは、既存×既存のアナログ商品のプロモーションにデジタルを積極活用してヒットを生み出していることです。インスタントカメラ「チェキ」のプロモーションは、テレビCMよりむしろSNSを活用することで広く認知されました。

　最初に火がついたのは東アジアで、韓国のテレビドラマで使われたことや中国のセレブリティー層が使っている様子がブログやSNSで広まり、ヒットにつながっていきます。今で言うところのインフルエンサーマーケティングの手法です。チェキはデジタル全盛期の中でヒット商品になりました。

　フィリップ・コトラー教授は、「マーケティング4.0」時代のカスタマージャーニーの形として「5A」モデル(Aware：認知, Appeal：訴求, Ask：調査, Act：行動, Advocate：推奨)を提唱。中でも「推

20年5月に発売したインスタント
カメラ"チェキ"「instax mini 11」

奨」を5Aの最後に置き、トップの「認知」に環流させる役割として位置付けています。チェキはこのモデルの実践例と言えるでしょう。

●「マーケティング4.0」の5A消費行動モデル

1.認知（Aware） カスタマージャーニーの入り口。他者から評判を聞いたり、ブランドの広告を見たりすることで認知される。

2.訴求（Appeal） 認知したブランドの中から、自分に好ましいと思う少数のブランドに引きつけられた状態。

3.調査（Ask） 引きつけられたブランドの中から、魅力を感じたブランドを調査する。

4.行動（Act） 購買する。消費・使用だけでなく、アフターサービスを通じたコミュニケーションも行動に含まれる。

5.推奨（Advocate） 商品、サービス、ブランドに強いロイヤルティーを持った人が自発的に他者に情報を発信し、推奨する。

4Pを踏まえた戦略の整理

富士フイルムの取り組みをDX2.0の4Pに照らして整理すると次のようになります。

Problem（課題）

同社の課題は、デジタルカメラの普及で主力のフィルム事業を失うことでした。デジタルカメラの普及は、フィルムでは実現できなかった課題を解決した結果と見ることができます。

例）「うまく撮れているかどうか確認できない」「フィルム代、現像・プリントのコストがかかる」「撮れる枚数に限りがある」……。

Prediction（未来予測）

フィルム市場の先行きは長くないことが予測できました。一方、フィルム開発で培ってきた自社技術は、新たな事業を生み出せる可能性があります。特にヘルスケア分野は、超高齢化社会の到来を迎えて中長期的な成長が予測できました。

Process（改善プロセス）

3つのアプローチがあります。1つ目は、いくつかの技術を複合的に組み合わせ、世の中のニーズに応えていくため異分野の技術者が集結し、研究・知識・手法を融合させることで新技術・新事業の創造を目指す取り組み。これは富士フイルム先進研究所で実施しています。

2つ目は、オープンイノベーション。日本、米シリコンバレー、オランダ・ティルバーグの3拠点に「オープンイノベーションハブ」を設けて、社外パートナーとの協業を通じて新たな価値を「共創」しています。

3つ目は、強みや特徴を持つ会社を自社グループに取り入れる「M&A」です。

●富士フイルム古森重隆会長兼CEOの「経営者に必要な10P」

1. **Photo** 現状を把握する
2. **Predict** 将来を予測する
3. **Plan** シミュレーションする
4. **People** 社員に明確なメッセージを発信
5. **Perform** 実行する
6. **Passion** 情熱を持って断固やり抜く
7. **Philosophy** リーダーとしての哲学、大局観を持つ
8. **Perspective** 客観的、多角的な視点を持つ
9. **Philanthropy** 社会に貢献する
10. **Power** 強いリーダーシップ

People（人の関与）

　古森重隆会長兼CEOの強いリーダーシップの下、伝統的なフィルム会社からの脱却にまい進したことが、変革できなかった競合との差となって表れました。企業理念やあるべき人材像をまとめた「FUJIFILM WAY」。「PDCA」に代わる仕事のステップ「STPDサイクル（See-Think-Plan-Do）」をグローバル規模で浸透させたことで、変革の意識が従業員に根付いています。

　こうした一連の富士フイルムの取り組みは、マーケティングの大家であるフィリップ・コトラー教授が15年のWorld Marketing Summitでテーマとした「Digitize or Die」を体現するものと言えるでしょう。富士フイルムはDXを成功させた世界トップクラスの企業として認知されるようになりました。

「PDCA」に代わるマネジメントサイクル「STPD」

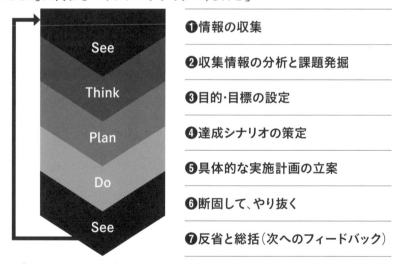

See	❶情報の収集
Think	❷収集情報の分析と課題発掘
Plan	❸目的・目標の設定
Do	❹達成シナリオの策定
See	❺具体的な実施計画の立案
	❻断固して、やり抜く
	❼反省と総括（次へのフィードバック）

出所：『魂の経営』古森重隆（東洋経済新報社）p188より

19年に東京で開催された「World Marketing Summit」では、コトラー氏と古森会長がそろって登壇。講演前のディスカッションで意気投合したことをきっかけに、両氏は20年にイノベーションをテーマとする書籍『Never Stop　Winning Through Innovation』を共著で出版しています。

コトラー氏と古森会長の共著
『Never Stop　Winning Through Innovation』

モバイル注文で買い物をラクに、Amazonに負けない小売りの雄

会社概要とDXの取り組みの背景

　ウォルマートは、米国を代表する大手スーパーマーケットチェーンです。1962年の創業以来、生活用品を幅広く取りそろえ、それらを安価で提供することにより、消費者の身近な買い物の場として親しまれてきました。

　しかし、インターネットが普及してからはECの利用者が急増します。消費者に身近であったはずのスーパーマーケットですが、さらに身近（手元）で操作できるECの普及によって、客足が遠のくことに

DX推進で復活を遂げた米ウォルマート

なりました。

　ウォルマートの強敵は米アマゾン（Amazon）でした。Amazonはスーパーマーケット業界のみならず書店やCD・DVDショップから百貨店に至るまで、あらゆる分野の小売事業者に対するディスラプターとなり、売り上げ低迷に悩むこととなります。

　ここまでの流れは、リアル店舗と巨大ECモールの競争の構図として広く知られています。ECがリアル店舗の市場を奪うといった文脈で、Amazonの時価総額がウォルマートを抜いたニュース（2015年）を覚えている人も多いかと思います。

　ところが、この戦いの話には続きがあります。実はこの頃からウォルマートはDXの推進、変革に取り組みました。それが実ってウォルマートは復活を遂げているのです。

　ウォルマートのようなスーパーマーケットは、消費者が店舗まで足を運ぶ必要があり、買ったものを自分で持って帰ります。ECと比較すると、買い物をするための時間や店内で商品を探す手間がかかる点で消費者側の負担が大きいのです。この課題を解消すべく、ウォルマートは、消費者がウォルマートに合わせるのではなく、ウォルマートが消費者の生活に合わせることを目指し、16年からDXに取り組みました。

　具体的には、消費者がオンライン注文した商品を、店舗で素早く受け取れるドライブスルーの仕組みを導入したり、店舗に在庫がない商品を店内でオンライン注文して、自宅に配送したりするサービスを開始しました。こうしたDX施策によって消費者の利便性は向上し、ウォルマートは再び消費者にとって身近な買い物の場として重用される

ようになったのです。

DXで目指す姿

　ウォルマートは「Saving people money so they can live better（人々の金銭的な負担を減らし、生活を向上する）」ことを価値として掲げてきました。

　創業から数十年間はモノを所有することが豊かさの象徴であったため、より多くのモノを手にするためには「金銭的負担を減らすこと」が重要でした。特売日を設けない販売戦略「EDLP（エブリデー・ロープライス）」は消費者に評価されました。

　しかし、世の中に十分にモノが行き渡るようになるにつれ、単に安価であることの価値は相対的に下がっていきます。並行して、インターネットを含むICT技術が向上し、情報流通量が膨大に増えました。仕事や遊びで忙しく過ごす人が増え、自由に使える時間を増やすことや、手間を軽減することなどの価値が高まっていきました。

　この過程で、「生活の向上」のために求められる要素が、安さから時間と手間の軽減へと変わっていきます。その結果、安さに注力して「生活の向上」の取り組みが手薄になっていたウォルマートは、Amazonに顧客を奪われて苦戦することになりました。

　そこでウォルマートは「live better」を再定義し、ウォルマートが消費者の生活に合わせるという新たなコンセプトを掲げます。

　Speed（速さ）やSimplicity（シンプルさ）といった定量的な指標と、Visibility（可視性）やFlexibility（柔軟性）といった定性的な指標をつくり、DXによって時間と手間の軽減を実現するとともに、コ

ンセプトにそぐわない施策を廃止していくことにしたのです。

　なお、AmazonをはじめとするECの脅威は百貨店業界も直撃し、変革が遅れた百貨店の米シアーズは業績が低迷。18年に米国破産法の申請を余儀なくされることになりました。

成功のポイント

　ウォルマートの成功は、消費者の課題に目を向け、解決に取り組んだことです。これは本書のテーマであるDX2.0（マーケティング視点のDX）のアプローチそのものと言えるでしょう。

　時間と手間の軽減はDXが得意とするところです。買い物の流れを見ると、店に行く、商品を見て回る、レジで精算する、商品を持ち帰

ウォルマートとシアーズの株価推移

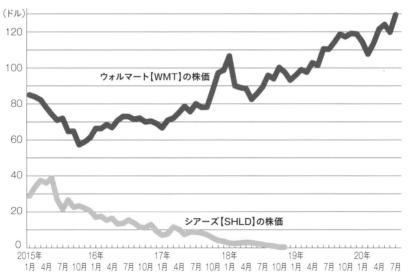

るといったポイントに整理できます。

　ウォルマートは、これらそれぞれのポイントをDXによって簡素化しました。

●ウォルマートの主な変革

1.Curbside Pickup（商品を探す手間、レジに並ぶ時間の削減）
オンライン注文・決済済み商品をピックアップする専用ドライブスルー

2.Express Pharmacy（処方を待つ時間の削減）
病院でもらった処方箋を事前に送信して処方薬をピックアップ

3.Endless Aisle（買いたいものを買えないストレス、再来店の手間を軽減）
店頭に置いていない商品をオンラインで注文し、配送してもらう

4.Scan and Go（レジに並ぶ時間と手間を削減）
商品に付いているバーコードを読み込むだけで決済が完了

5.Walmart Pay（自社独自の電子決済）
クレジットカード非所有層もカバーし、決済の手間を軽減

　店に行って商品を見て回る時間がない人は、あらかじめ欲しい商品をオンライン注文できます。レジで精算する時間も軽減し、商品を持ち帰るのが大変な人には自宅に配送する仕組みを提供しました。

　その結果、来店してもらって店舗で商品を買うという従来のリアルの接点を維持しながら、買い物の流れを大きく変えることに成功したのです。

　少し視点を変えると、ウォルマートの変革は、新型コロナウイルス対応で求められるニーズを満たす変革だったとも言えるでしょう。

　新型コロナ感染予防の観点から見ると、スーパーマーケットと消費

者の双方にとって重要なのが、店での滞在時間とお互いに接触する機会を減らすことです。

　ウォルマートの施策は、いずれもこの課題を解決する手段になります。オンラインによる事前注文やレジ精算の簡素化などにより、ウォルマートは結果的にWithコロナ／アフターコロナ時代の買い物のモデルを先行して築くことになったのです。
　ウォルマートの20年第1四半期（1～3月）の米国売り上げは10％伸び、うちEC部門（ピックアップとデリバリー）は74％の成長を遂げました。

　また新型コロナウイルスへの対応として、配送センターの従業員の時給を2ドル上げ、全従業員に9億2500万ドル（約1000億円）を超えるボーナスを支給しました。

Suresh Kumar
Executive Vice President, Global Chief Technology Officer and Chief Development Officer, Walmart Inc.

f　y　in　✉

Suresh Kumar is the executive vice president and global chief technology officer (CTO) and chief development officer (CDO) of Walmart, Inc. As the global CTO, Suresh sets our technical strategy, combining advances in computing with Walmart's strengths to deliver the best customer experiences. As the global CDO, he leads the team in building tools and systems to digitally transform our business operations, using the scale and power of our data to deliver a competitive advantage while improving the productivity of our associates.

Suresh's organization includes technologists from across Walmart that power all of our global businesses, including – Walmart U.S. Stores, Walmart U.S. eCommerce, Sam's Club, and International. He also oversees our global shared services, data, cloud, infrastructure, and information security organizations.

スレシュ・クマール氏は、米アマゾンで販売管理・物流、米マイクロソフトでクラウド事業、米グーグルで広告分析を経てウォルマートへ

4Pを踏まえた戦略の整理

ウォルマートについてもDX2.0の4Pを整理しておきましょう。

Problem（課題）:

　ウォルマートの課題は、AmazonをはじめとするEC勢に顧客と売り上げを奪われていたことです。ウォルマートはその原因を探ります。たどり着いたのが、店舗で買い物をする際の手間でした。「店で商品を探し回らなければならない」「レジで並ばなければならない」「重い荷物を持って帰らなければならない」「せっかく足を運んだのに売り切れていることがある」「店に行かなければ在庫の有無が分からない」など。これら一つ一つの課題に対し、ウォルマートはDXで解決に乗り出しました。

Prediction（未来予測）:

　今後の買い物環境は、ECがさらに普及して日用品や生鮮品にも及んでくることが予測できました。ただ、それでもすべての買い物がオンラインに移行するわけではなく、店に足を運ぶ必要性や需要が消えることはないという予測もありました。一部の医薬品や生鮮品など、店舗でなければ買えないものや、店舗で手に取って確認してから買いたいと思う商品があるからです。だからといってそこに安住すれば、利便性が高まるECに対して一向に改善されないリアルの買い物環境にいら立ちが増すことになるでしょう。

　そのような考察を踏まえて、買い物する際に時間、手間がかかる部分を抽出し、DXによって時間と手間の削減に取り掛かりました。

Process(改善プロセス):

オンライン注文をベースにしました。注文をオンライン化することで、店内で商品を選ぶ時間や手間を軽減できます。日用品はあらかじめ選んだ商品を店でピックアップするだけになり、薬についても処方を待つ必要がなくなりました。

オンライン注文は売り切れや在庫切れ対策にもなっています。店に置いていない商品は購入者の自宅などに届ける仕組みとすることで、売り切れや在庫切れによる機会損失も減らしました。

People(人の関与):

ウォルマートは、デジタル人材を外部から採用しました。後に米アマゾンが買収することになるベビー用品ECの創業者を招へいし、社内のマーケティング研究組織「ウォルマート・ラボ」を強化。19年5月には、米アマゾンでバイスプレジデント、米マイクロソフトと米グーグルで執行役員を務めた経歴を持つスレシュ・クマール氏を最高技術責任者（CTO）兼最高開発責任者（CDO）に据えました。

社内向けには「live better」の定義をアップデートし、その価値を図るために Speed（速さ）やSimplicity（シンプルさ）といった定量的な指標と、Visibility（可視性）やFlexibility（柔軟性）の価値を社員に徹底しました。

消費者に対しては、ウォルマートが消費者の金銭的な負担を減らし、生活を向上する店であることを改めて周知し、創業以来築いてきた買い物客との接点を強化しています。

4-3
ケーススタディー03　**フェンダー**

ギターレッスンアプリを提供、
挫折を防ぎLTV向上

会社概要とDXの取り組みの背景

　米フェンダー・ミュージカル・インストゥルメンツ・コーポレーション（以下、フェンダー）は、テレキャスターやストラトキャスターなど、多くの人気ブランドを持つ老舗ギターメーカーです。

　創業は1946年。以来、プロ・アマ問わず、ロックからカントリー、ジャズとジャンルを問わず、幅広い顧客から支持されています。音楽シーンの盛り上がりとともに成長し、常に業界のトップを走り続けるブランドとして確固たる地位を築いてきました。

北米市場におけるギター販売本数の推移

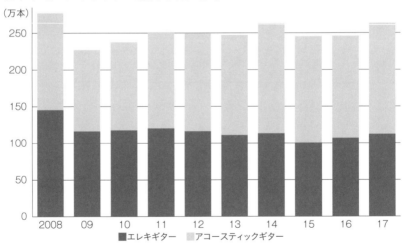

出所：Digital Music News
https://www.digitalmusicnews.com/2018/05/10/electric-guitar-sales/

しかし、2000年ごろから米国のギター市場は縮小に向かいます。ロックやジャズの他にギター類を使わない新たな音楽のジャンルが増えたり、遊びが多様化して音楽やギターに触れる機会、時間が減ったりしたことが市場縮小の背景となりました。

このような状況を打破すべく、フェンダーは市場と消費者を対象とした調査を進め、ギター離れと市場の低迷をもたらしている根本的な原因を探りました。

その結果、ギターがうまくならず、やめてしまう人が多いことがわかりました。さらにはもっと手前の段階の、ギターの弦のチューニングが難しいことを理由にギターから遠ざかってしまう人がいることも分かりました。

こうした層へのアプローチとして、フェンダーは16年にチューニングアプリの「フェンダーチューン」、17年にはオンラインレッスンの「フェンダープレー」をリリースします。ギターを売るだけでなく、ギターを買った人、買いたいと思っている人に向けたサポートをDXによって実現し、それ以降、業績も回復していきました。

目指す姿

フェンダーが取り組んだのは、ギター市場が低迷している原因を市場のデータから導き出すことでした。いわゆる「データドリブン」のマーケティングです。

データドリブンマーケティングは、市場や消費者に関する様々なデータを踏まえて、顧客が何を求め、何を課題と感じているのかを捉えます。また、そのデータから解決策を考え、具体的なマーケティング施策や商品開発に進んでいきます。

　データドリブンマーケティングの長所は、客観的な視点から市場を見られることです。データを踏まえることによって、感覚や経験に頼るアプローチでは見えなかった本当の原因、理由に近づくことができます。データを施策に活用する際も、継続してデータを見ていくことにより、施策がどの程度有効かを測定したり、その結果を見て改善策を考えたりすることができます。

　例えば、商品の満足度が50％で、アフターサービスに原因があると見えた場合、アフターサービスの改善に力を入れようと判断することができます。また、引き続き満足度を見ていくことで、アフターサービスの改善が市場に評価されているかどうかも把握できます。

　そこでフェンダーは業界で初めて、米国と英国の購入者を対象にアンケートを実施しました。調査を通じて驚きの事実が明らかになりました。以下が得られた結果です。

ターゲットをバンドマンから「趣味はギター」の初心者、女性層に拡張

①購入者の50％が女性
②購入者の45％は初心者
③初心者はギター代の4倍をレッスン料に充てる
④初心者の9割は6カ月以内にギターをやめる
⑤継続した1割は生涯で約1万ドル（約105万円）をギター関連製品に
支出する

出所：Guitar maker Fender strikes chord with new Songs subscription app
https://www.mobilemarketer.com/news/guitar-maker-fender-strikes-chord-with-new-
songs-subscription-app/565629/

「購入者の50％が女性」という結果は、ギター購入者像を把握してい
るつもりだった業界関係者にとって驚きの数字でした。

　このデータをさらに深掘りしたところ、女性はリアルの楽器店より
もオンラインで購入する傾向があることが見えてきました。中年男性
でにぎわうギターショップは、初心者の女性には近寄りがたい場所だ
ったということです。

　また、購入者の45％は初心者で、うち72％が、「自己満足のため」
「人生を楽しむため」の購入目的でした。「ステージで演奏したい」と
思っている人は6％しかいなかったのです。

ギター販売を伸ばす方程式

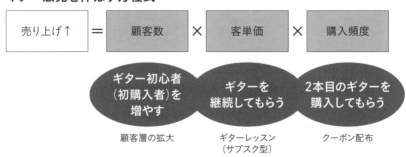

「THE SPIRIT OF ROCK-N-ROLL」（ロックンロール魂）を守り続けることをビジョンに掲げるフェンダーは、プロのミュージシャンや彼らに憧れるミュージシャン志望者から絶大な支持を得てきました。しかし、その支持者は、フェンダーの主顧客層と必ずしもイコールではなかったのです。

　一方、ギターを生涯の趣味として続けた場合は、生涯で5本から7本程度ギターを買うことも見えてきました。金額にして約100万円になります。ギターを継続する人のLTV（顧客生涯価値）が高いため、単にギターを売ること以上に、「続けてもらうため」「続けやすくするため」の施策が重要であることが分かってきたのです。

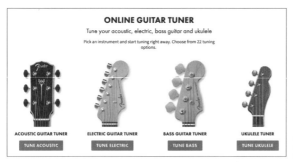

チューニングアプリ
「フェンダーチューン」

オンラインレッスンアプリ
「フェンダープレイ」

成功のポイント

フェンダーの成功は、データに基づいてターゲット層を再定義したところにあります。データドリブンマーケティングでは、こうしたデータに基づいてアクションプランを策定していきます。

フェンダーは、まず顧客ターゲットを若い女性に設定し、女性が購入しやすいオンラインでの販売に力を入れました。商品ラインアップについては、女性向けにデザインしたギターを増やし、自分好みにデザインできるサービスも追加しました。

収益面では、従来のギター販売の他に、サブスクリプションでレッスンをスタート。上達しやすくすることで離脱率を抑え、レッスンからギターの購入に結びつける施策として、サブスクレッスンの年間契約者にギター本体の10%クーポンを提供しています。

これら施策を通じて、フェンダーの業績は上向きはじめます。売り上げは17年から市場を上回るペースで成長し、負債は200億円から100億円に減少しました。ちなみに、フェンダーと同じく業界の老舗で、レスポールなどのブランドを持つギブソンはこのような変革が行えなかったこともあり、18年に破産宣告しています（※同年に再建）。

IT環境を駆使してデータの収集と分析に取り組んだこと、そして、データから見えてきた課題をDXによって解決したことが、老舗メーカーの明暗を分けることとなったのです。

4Pを踏まえた戦略の整理

フェンダーについてもDX2.0の4Pを整理しておきましょう。

Problem（課題）:

　フェンダーの課題は、エレキギター市場が低迷し、業績の悪化が避けられないことでした。かつてのロック全盛期から、エレキギターを使わない楽曲がヒットするなど、音楽シーンに変化が起きていました。ギター購入者を調査すると、意外にも半数が女性。また初心者の9割が6カ月以内にやめていて、なかなか上達しないことがギターから離れる原因になっていました。

Prediction（未来予測）:

　様々な学習や習い事がオンラインで提供されるようになっていることから、ギターも教室に通ってインストラクターの指導を受ける従来のスタイルから、オンライン化が進むと予測しました。教室に通うよりも手軽なオンラインレッスンを浸透させてギターが継続すれば、LTVが向上して業績の上昇が見込めます。

Process（改善プロセス）:

　ギターは楽器店で試し弾きして購入するのが一般的ですが、購入者の半数を占める女性は来店を敬遠しがちだったためオンライン販売を強化。またオンラインレッスンは、気軽に始めやすい月額固定のサブスクリプション型にすることでハードルを下げました。

People（人の関与）:

　15年のCEO交代後、ナイキやディズニーで幹部を務めたマーケティングのプロフェッショナルを招へいしました。データドリブン経営や、調査結果からオンラインレッスンを考えていく施策づくりなどは、マーケター出身ならではの変革です。チューニングアプリやレッスンアプリによって購入客との関係性が継続し、LTVが向上しました。

Zoomビデオコミュニケーションズ

安定性と豊富な背景画像で
国内でもWeb会議の定番に

会社概要とDXの取り組みの背景

Zoomは、Zoomビデオコミュニケーションズが提供するビデオ会議のサービスです。

本社は米国にあり、設立は11年。19年には日本法人を設立し、国内企業を中心にユーザーを増やしています。

本社がある米国は、国土が広く、飛行機移動する場合は厳しいセキュリティーチェックを受ける必要があります。会議のための移動に手間がかかり、移動の時間効率が悪いため、その解決策として電話会議（テレカン）が普及していました。Zoomが短期間で普及したのは、このような土壌があったためと言えるでしょう。

一方、日本は国土が狭く、出張の多くを占める東京－大阪間もさほど時間がかかりません。電話やビデオで会議をする文化も薄く、市場は広がっていませんでした。Zoom日本法人のカントリーゼネラルマネージャーである佐賀文宣氏によると、ビデオ会議市場の成長率が米国で年2桁パーセントのペースで伸びていたのに対し、日本は1桁台にとどまっていたと言います。

そこに風穴を開けたのがZoomです。出張が定着している日本でも、簡単に使えて、安定して使える会議サービスがあれば重宝されます。リモート会議が普及すれば、企業活動も効率化します。

そのような潜在的な需要がある中で、つながりやすく、切れづらいと評価されたZoomは着々と普及し、コロナ禍をきっかけにブレークすることになりました。

目指す姿

　同社は社内外に向けたメッセージとして、「Delivering Happiness」を掲げています。「Zoomというサービスを通じて、ユーザーにご満足をお届けする」という意味です。

　Zoomが他社のリモート会議サービスと比べて「顔が見えること」を重視しているのも、100人超の人が同時接続でき、参加者が増えてもパフォーマンスが落ちない設計にこだわっているのも、相手の笑顔が見えることによって幸せを届けられるという考えに基づきます。

　現状、リアル会議の代替ツールとして、時間・移動効率の向上を目的に利用されることが多いZoomですが、佐賀氏は、会議のようなオフィシャルな場だけでなく、普段使いするツールとして普及し、活用されることが理想と言います。

　例えば、職場では近くの人に声をかけてアイデアを聞いてもらったり、会議とは別に、手が空いた関係者が適宜集まってちょっとした打ち合わせをしたりすることなどがあります。

本書の取材、打ち合わせもZoomで進行

このようなコミュニケーションはリモートワークが普及するほど減っていきますが、Zoomを普段使いすれば実現できます。チャットなどテキストベースのやりとりと比べて、お互いの顔が見えた方が話しやすく、生産性も上がりやすいでしょう。

　Zoomはすでにリアルの会議をデジタルに置き換えました。しかし、そこにとどまらず、もっと日常的で、身近なコミュニケーションの取り方まで大きく変えられる可能性があるということです。

新型コロナウイルスがもたらした影響

　Zoomは、恐らくコロナ禍を経て最も認知度が向上したサービスの1つだと思います。

　ビジネスシーンでは、Zoomの普及によって在宅勤務がイメージし

国内マーケターの間でも利用率が高いZoom

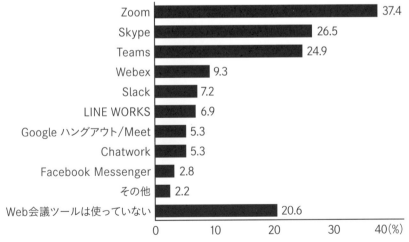

日経クロストレンドが2020年4月16〜17日、マーケター400人を対象に調査。コロナ禍で在宅勤務を経験した321人に、利用したWeb会議ツールを聞いた

ていたよりワークすることが分かり、コロナ危機が去っても継続の意思を示す企業が相次いでいます。Zoomは、遅々として進まなかった働き方改革が一気に動くきっかけをつくりました。この変化は、番組出演者が自宅からZoomで生放送に参加するなどテレビ業界にも及びました。また、プライベートでは「Zoom飲み」や「Zoom疲れ」といった言葉も生まれました。

新型コロナウイルスの影響による新たな変化の代名詞としてZoomが使われていることからも、その認知度の高さが分かります。

Zoomの1日当たりのミーティング参加者数は、19年12月時点では世界で約1000万人ほどでしたが、新型コロナウイルスの感染が拡大した20年4月には1日3億人にまで増えました。

19年7月に日本法人オフィスを開設した当時、10ライセンス以上使

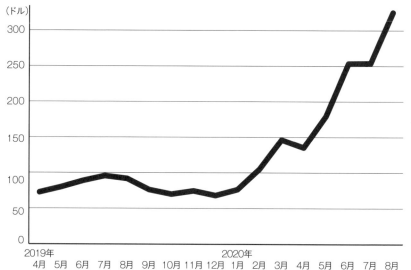

ズーム・ビデオ・コミュニケーションズ（ZM）の株価推移

用する企業は2500社でしたが、新型コロナウイルスの影響で1万5000社に増加。個人を含むユーザーアカウント数も、コロナ前の2万アカウントからコロナ禍で15万アカウントに増えています。

こうした急激な需要増に対応すべく、日本法人の陣容も、スタート時の10人前後から、1年後には40人、20年末には80人体制に増強する予定です。

成功のポイント

Zoomが急速に普及した理由は、新型コロナウイルスの感染拡大による外出自粛要請や、それに伴う企業のリモートワーク推進があるのは明らかです。ただ、リモート会議サービスそのものは、大手IT企業が提供するものがいくつも存在しています。その中でZoomは大多数に支持され、高く評価されました。

その理由としてまず、通信の安定性が挙げられます。これについて佐賀氏は次のように説明します。

「一般的なリモート会議サービスは、参加者が増え、表示される顔の数が増えるほど通信状態が悪化します。通信が遅れたり切れたりするのは、この負荷によるものです。その点、Zoomは会議に参加する人のPCやスマホのCPUを使って通信データなどを処理する仕組みのため、負荷が増しても通信状態は安定します。

また、需要が増えたときには国内外19カ所のデータセンターが連携し、例えば、日本で日中の需要が増えた場合は、夜間で需要が下がっている米国の回線を使用するなどして処理します。基本デザインという点で、パフォーマンスを落とさないための基本的なところを押さえているのがZoomの特徴です」

　利用者側としては、安定と同じくらい大事なのが、安心して使えることです。

　プライバシー保護の点では、バーチャル背景機能によって会議参加者の自宅などを隠すことができます。関係者以外の人が入室するリスクについては、入室時のパスワードや待機室機能を使うことで予防できるようになっています。

　日本でも新型コロナウイルスの感染拡大でテレワークが定着すると、主にゲーム会社や映画配給会社、テレビ局などコンテンツを持つ企業を中心に、コンテンツの宣伝素材としてバーチャル背景を提供する動きが活発化しました。

　他社製Web会議ツールでは、背景を設定できなかったり難しかったりしたこともあり、これらの背景素材は、実質的に「Zoom用」として利用されました。多くの企業で、会議開始時の話のつかみ、ネタになったことでしょう。ビジネス用途ながら、Zoomは楽しさも提供していました。

MUJI HOUSEが提供する「無印良品の家」のバーチャル背景

一方、セキュリティー面では反省があったと言います。

　「パスワードや待機室機能をデフォルトでONにしていなかったことがZoom bombingと呼ばれる迷惑行為を招く原因になりました。

　セキュリティー機能はもともと付けてあります。当初は学校や企業の管理者が自分たちのセキュリティーポリシーに照らし合わせ、必要に応じてONにすると想定していました。しかし、リモートの授業や会議が急増する状況では、ITに詳しくない人が急に管理者となることもあります。セキュリティー機能をONにする方法が分からない人も多く、その点はメーカーである我々の配慮が足りなかった面があります。そこに気づき、すぐに標準でセキュリティー機能がONになる仕様に変更しました。また、管理者画面内の目立つ位置にセキュリティーアイコンをつくり、セキュリティー状態などをすぐに把握できるようにUXを改善しました」（佐賀氏）

　このような変更を経て、現在のZoomはZoom5.0にバージョンアップしています。

　リリースして終わりではなく、ユーザーの声を踏まえながら迅速に改善していく体制があれば、Web会議システムの定番ツールの座は当

京王電鉄は同社のFacebookページで、鉄道の車両や京王プラザホテルの内観、高尾山などのバーチャル背景20枚を配信

面揺るがないでしょう。

4Pを踏まえた戦略の整理

　DX2.0（マーケティング視点のDX）の4Pに照らしてみると、以下のように整理できると思います。

Problem（課題）:
　Zoomは、テレカンが浸透している米国で、テレカンの質をレベルアップするビデオ会議サービスとして普及し、定着しました。
　リモート会議は、会議に伴う移動の手間や時間を大幅に削減できます。録画機能もあるため、会議の議事録作成も簡素化できます。
　そのようなメリットを考えると、日本でもリモート会議は一定の需要を獲得する可能性があります。ツールの面では、ノートPC、タブレット、スマホなどを仕事で使うケースが増えましたし、IT慣れした若い層が現場業務の主役となっていくにつれて、対面の会議をデジタル化することへの抵抗感も薄れていきます。
　しかし、そのためのアプリがありません。動画を通信し続けるためにはそのトラフィックを支え続ける仕組みも必要です。
　また、自宅から会議に参加する場合、背景に映り込む自分の部屋が相手に見えてしまいます。
　リモート会議が習慣化していない日本では、そのようなプライベート部分への配慮も解決しなければならない課題でした。

Prediction（未来予測）:
　国内企業の業務上のコミュニケーションは、内線電話を使う音声のやりとりに始まり、複数の拠点の会議室をつなぐテレビ会議、そして

Web会議へと進展しています。

　スマホを使って出先からコミュニケーションをとる機会が増えたり、働き方改革によって在宅勤務が増えたりしていけば、今後もWebでコミュニケーションする頻度は高まります。

　また、利便性とコストの面からみても、内線やテレビ会議よりWeb会議の方が都合がよく、人は便利なシステムを使い始めると、古いシステムには戻らなくなります。すでに米国ではテレカンからWeb会議への置き換えが進んでいます。

　米国と日本では仕事の環境が異なるものの、会議やコミュニケーションのデジタル化は世界的な潮流であり、今後は日本でもWeb会議が当たり前になって、出社せずに仕事ができる環境が求められるだろうと予測しました。

Process（改善プロセス）：

　リモート会議は、ほとんどの場合、複数の人が参加します。学校などでZoomを使用する場合、さらに参加者は多くなります。

　一般的なリモート会議は、人数が増えることによってサーバーの負荷が重くなり、動作が悪くなります。一方、Zoomは参加者のPCやスマホのCPUで処理するデザインのため、参加者が増えてもパフォーマンスはほとんど影響を受けません。参加者や需要が増えても通信状態が安定している点が、Zoomが評価される大きなポイントになっています。

　企業や学校などへの提供ルートは、米国では9割がZoomによる直販であるのに対し、日本ではパートナー企業が販売しているという違いがあります。導入候補の顧客情報を持っているパートナー企業の協力を得ることで、市場開拓が進み、普及が加速しました。

People（人の関与）：

　今でこそ世界的に有名になったZoomですが、企業規模や性格的にベンチャーの要素が色濃く、創業者であるエリック・ユアン氏の影響力が強いといえます。

　企業メッセージとして「Delivering Happiness」を掲げているのもユアン氏の方針です。自分たちの仕事が社会貢献につながっているという認識を持つことで、従業員がZoomで働く価値、意義を実感できるようにしています。皆がポリシーに従って目的達成のために一丸となれるのが同社の強さです。

　ユーザーに対しては、Zoomだけを選択肢にするのではなく、他社のサービスも併用しながら、リモート会議を使いこなしてほしいと考えています。

　Zoomは負荷分散を図ったシステムに自信を持つ一方で、他社のサービスにもそれぞれ良い点があるという前提に立ち、ユーザー目線で、ユーザーにとって使いやすいリモート会議の環境をつくり出そうと日々取り組んでいます。

SOELU（オンラインヨガ教室）

ジム通いの時間、手間を解消
コロナ追い風に受講者急増

会社概要とDXの取り組みの背景

　SOELU（ソエル）は、ヨガのオンラインレッスンを提供する企業です。設立は14年。キュレーションメディア関連の事業を手掛け、17年に事業を譲渡。健康分野の消費者向け事業（BtoC）でこれまでのノウハウが生かせると考え、フィットネス事業に参入しました。

　社名を冠したSOELUというオンラインヨガのサービスは、手持ちのPCやスマートフォンを使い、リアルタイムでインストラクターの指導を受けることができるものです。

　レッスンは早朝5時台から24時まで、1日100レッスン以上開講。約200人のインストラクターが在籍（20年7月時点）しています。

　ヨガを含むフィットネス系のレッスンは、ジムやスタジオに通ってインストラクターから直接指導を受けて習得するものと長らく認識されてきました。通うことのメリットとしては、充実した設備を使えることや、インストラクターや受講生などとのリアルなコミュニケーションなどが挙げられるでしょう。

　一方、デメリットもあります。まず通うこと自体に時間がかかり、「面倒くさい」「大変」といった理由でレッスンから脱落してしまう人が出ます。悪天候の日はなおさらです。往復の時間と施設でシャワーを浴びたりする時間などを含めると、30分程度のレッスンでも2時間はかかるでしょう。

　このようなデメリットを、SOELUはDXによって軽減、排除しました。時間の制限や通う負荷を小さくすることで、フィットネスと日

常生活の距離を近づけ、長く続けやすい環境を創出したのです。

目指す姿

　SOELUが目指すのは、「長く続けられるフィットネス」です。この考えは会員獲得の戦略にも表れています。主なターゲット層として、
　1.オンラインだけでレッスンを受けたい層
　2.オンラインを基本としつつもたまにリアル店舗に通い、インストラクターや他の受講生と会いたいと考えている層
　を定めました。現状の会員構成も、オンラインのみの層とオンライン主体で施設と併用している層がざっと半々です。

　通うのが難しいと感じる人、通えずにやめてしまう人はどんな人か？

多忙でも続けやすい、自宅でヨガのオンラインレッスン。コロナ禍も追い風に

仕事などで忙しく、フィットネスのための時間が取れない人や、小さな子供がいて家を空けられない人などが挙げられます。

　そうした人、状況下でも続けやすくするために、レッスンの開講時間を朝5時台から24時までと長くし、途中参加できるようにしています。また、子育て中の会員向けには「赤ちゃん泣いたら保証」を作り、レッスン中に赤ちゃんが泣いてしまい、途中で抜けざるを得なくなったときや、レッスン前に泣いてしまい、参加できなかったときなどにはチケットを再利用できるようにしています。

　レッスン環境の改善にも取り組んでいます。サービス開始当初はZoomを使ったレッスンを行っていましたが、現在は受講者同士の映像が見えない自社開発のリモートシステムを使用しています。自分の部屋が見えてしまうかもしれないといった不安をなくし、より快適にレッスンを受けられるようにしています。

新型コロナウイルスの影響

　SOELUは、19年12月にリブランディングを行い、受講者がSOELUを選ぶ理由、インストラクターを含むスタッフがSOELUで働く理由を分かりやすくメッセージ化しました。SOELUのビジョンを明確にすることで、他社との提携やアライアンスも活発化できるという狙いもありました。

　リブランディングと広告展開を通じて、20年1月から2月にかけての会員数の増加ペースは、リブランディング前と比べて約2倍に増加。20年1月以降は新型コロナウイルスの影響で多くのジムやスタジオが休業となったこともあり、1月と4月の比較でさらに会員数が倍増しました。

　通うことが前提だったフィットネス業界において、リモートを使うレッスンはなかなか認知を上げづらく、当初は利用者数が伸び悩んでいました。それがコロナ禍を経ることで、受講者の心理と行動の両面が大きく変わりました。

「健康のためにジムなどで運動したい」「でも、施設に行くことで逆に感染リスクが高くなってしまう」――。そのジレンマの解決策としてSOELUは認知されます。

　受講申込時は、あくまでジムに通えない期間の代替策として利用する人が多かったのですが、一度使ってみると時短や負荷軽減のメリットを実感できます。体験を通じて、受講者の考え方や価値観が変化しました。すなわち「フィットネスは通うもの」という固定観念が、「無理に通わなくてもオンラインでも可能」「オンラインならではのメリッ

SOELUを体験してみようと思ったきっかけ

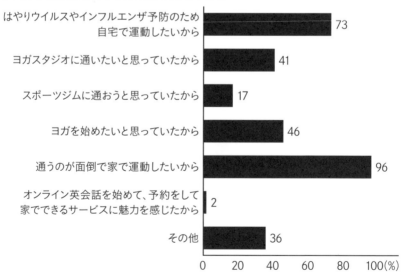

トも多い」という考えに変わったのです。

成功のポイント

　SOELU代表の蒋詩豪氏は次のように語ります。
「運動したいというニーズは大きいと思っています。ただ、仕事をリ
タイアした人などはジムに通えますが、忙しい人や子育て中の人など
は運動するための時間が確保しづらく、ニーズが潜在化した状態です。
そういう方々が参加しやすく、持続可能な運動習慣を提供しようと考
えたのが事業をスタートするきっかけでした」（蒋氏）
　その結果、仕事で忙しい人でも運動のための時間がつくりやすくな
り、子育て中の人は30分の運動のために家を2時間空ける必要がなく
なりました。SOELUはスポーツジムやヨガスタジオといったリアル

SOELUの有料会員数の増加ペース

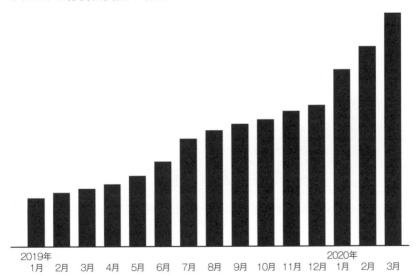

2019年 1月　2月　3月　4月　5月　6月　7月　8月　9月　10月　11月　12月　2020年 1月　2月　3月

な運動環境（アナログ）を、オンラインスタジオ（デジタル）につくり替えたといえます。このDXによって「運動したいけどできない」「続かない」という潜在的なニーズにアプローチしたわけです。

　一方、新型コロナウイルスの影響で、すでにジム通いをしている人が感染リスクを避けながら運動を継続したいというニーズと、在宅勤務による運動不足を解消したい人という、新しいターゲット、ニーズにもアプローチすることになりました。

「新型コロナウイルスの影響で増えた会員の約半分は、もともと通っていたジムが休業になり、代替案として入会した人です。残り半分は、それまでヨガをやっていなかった人です。外に出る機会が減り、運動しないといけないと思っているときに、SOELUの初回無料体験などを通じて入会した人たちです」（蒋氏）

　会員急増の背景としてZoomなどの周知も大きかったと言います。「リモート会議の普及などによってZoomは全国的に知られるようになり、オンラインフィットネスの抵抗感が2段階ほど下がった気がしています。リモートの便利さや、リモートでいろいろなことができると理解されたことで、オンラインフィットネスがさらに広がっていくための土壌ができたと感じています」（蒋氏）

　個人レッスンのインストラクターがZoomを使うオンラインレッスンを始めたことも、「リモートでフィットネス」という新しい選択肢を幅広い層に知らしめる草の根活動の役割を果たしました。

4Pを踏まえた戦略の整理

　SOELUのDX2.0は次のように整理できます。

Problem（課題）：

　蒋氏が目を向けたのは「運動するにはジム通いが必要」という前提条件、固定観念の存在でした。これが半ば常識として定着しているために、多忙な人や小さな子供がいる人は運動から遠ざかっていました。

　ここを起点に考え始めたところ、ジム通いをやめてしまう理由も、「通う」ことの面倒くささや継続の困難さにあることが見えてきます。

　そこで、ジムで行われているレッスンをオンライン化して、自宅で再現することを検討します。すでに英会話などはテレビ電話などを使って自宅でレッスンが受けられます。同様の発想で、インストラクターと受講者をデジタルでつなぐ環境をつくろうと考えました。

　ちなみに、ジムで行われているハードな筋肉トレーニングやダンスレッスンなどもオンライン配信は可能です。ヨガレッスンからスタートさせましたが、現在は階下に響きにくいトレーニングやダンスレッスンも人気です。

Prediction（未来予測）：

　・現代人は多忙で時間が不足。手間がかかることや非効率を避けたい
　・受講者の自宅にはPC、スマホ、インターネット環境が整っている
　・「働き方改革」が進み、コロナ禍においては在宅勤務が推奨

　こうした現代人のライフスタイルや生活意識、その変化を踏まえて、健康のために行うフィットネスについても、オンライン化は受け入れられるだろうと予測しました。

Process（改善プロセス）：

　受講者側の変化としては、働き方やライフスタイルが多様化し、運動に取り組む姿勢、頻度、時間帯、熱量なども多様化しています。そもそもオンラインでのレッスンに興味を持つ人は、ジムに通う人より

も時間や場所の制約が多いはずです。

　そのようなニーズに対応するため、レッスンに参加できる時間帯を長くし、レッスン料についても柔軟な料金体系を用意しています。

　ネット利用が増える一方で、セキュリティーやプライバシー保護の意識も高くなっています。特にレッスンをライブ配信する場合、受講者の顔だけでなく、自宅の様子なども他人に知られるリスクがあります。この不安を排除するため、レッスンを配信するシステムを自前で開発したことも成功につながった要因の1つです。

People（人の関与）：

　ヨガレッスンはインストラクターがいなければ成立しません。レッスンの質を高め、オンラインスタジオの価値を周知するためにも、インストラクターが重要な役割を果たします。

　優秀なインストラクターの確保という観点でも、オンラインレッスンはジムやスタジオでのリアルレッスンと比べて、時間や場所の制限が軽くなるメリットがあります。コロナ禍では感染リスクを気にしなくてよい点もメリットに加わり、人材確保につながりました。ジムの休業で仕事が減ったインストラクターにとって、SOELUのインストラクターになることが収入補填の機会にもなりました。

　現在SOELUが取り組んでいるのが、パケット量を抑えたライブレッスンの開発です。通わなくて済むオンラインレッスンに魅力を感じても、使用しているデバイスやインターネット環境によってスムーズな受講が妨げられてしまうと、受講生はリアルの施設に戻ってしまいかねません。受講環境は継続率を左右する要因になるため、快適なレッスン配信が求められます。

ウルトラチョップ（運営:エッヂ）

Facebookに「LABO」開設、
コロナ禍でも利益維持

会社概要とDXの取り組みの背景

「ウルトラチョップ」は、ニュージーランド産のラムチョップとワインが自慢のレストランです。東京の麻布十番と神楽坂、京都・先斗町に店舗展開し、味と雰囲気が気に入って足しげく通う常連客や、京都先斗町店には多くの外国人観光客でにぎわっていました。

　ところがコロナ禍で状況が一変。飲食店の休業要請を受けて一時的に店を閉めることとなり、強烈な向かい風にさらされることになったのです。

　オーナーを務めるエッヂ（東京・新宿）代表取締役の高岳史典氏は、この状況を打破すべく、メインメニューのラムチョップと、店舗で扱っているワインや総菜、調味料のネット販売を検討。Facebookに「LABO」と名付けたページを開設し、自身のFacebookでつながりがある友人約100人を招待して、ウルトラチョップのオンラインショップをスタートさせました。

　顧客は、Facebookページで紹介されている商品群から商品を選び、銀行振り込みで代金を支払います。商品は月曜から木曜まで注文でき、週末に店から顧客の元へ発送。目玉商品のラムチョップは未調理の状態で配送され、注文者が自宅のキッチンで調理する形です。

　その方法を共有するため、Facebookページには調理方法の動画を随時アップ。焼き方の手順などを公開し、顧客はその手順通りに調理することで、店で味わえるラムチョップと同じ味を自宅で再現できる仕組みです。

　なお、LABOはオンラインストアの形態ですが、在庫を常備して販売する通販ではないため、通販事業の免許は不要。また、肉類の販売は許可が必要となるため、LABOでは肉の仕入れ店と提携し、許可を受けている肉店の下、販売窓口として商品を販売しています。

目指す姿

　コロナ禍で飲食業が生き残る方法を示すこと。それが、高岳氏がLABOサービスを開設した狙いです。

　コロナ禍で客足が遠のき、緊急事態宣言の発令後は多くの店が休業やむなしの状態となりました。この状況を乗り切るために、ある店はテークアウトを始め、ある店はデリバリーを始めました。オンラインストアもこれらと似た取り組みで、店内飲食の売り上げ分を、別の方

無料でカンタンに開設できるFacebookページをオープン。「UltraChop LABO」には1000人弱の常連客が集う

法で補填することを目的としています。

　新しい取り組みが難しいのは、スタートするまでの準備に時間がかかることです。例えば、テークアウトやデリバリーは、顧客に認知されるまでの時間がかかります。店頭に告知を貼り出すのは簡単ですが、店の前を通る人にしか伝わりません。売り上げがなくなる一方で、家賃など固定費はかかり続けます。着実にお金が出ていく状況で、新サービスの周知にお金と時間をかけている余裕はありません。

　その点、オンラインストアは既存のFacebookの友人を顧客とするため、Facebookページでオンライン販売をスタートしたというメッセージを一斉送信すれば、それだけで周知できます。

　友人や常連さんとデジタルでつながっていることが条件になりますが、LABOの登録者数が多いほどすぐに売り上げにつながる可能性があります。

　スタートまでの手順も簡単です。LABOはFacebookページを開設して、招待制のグループをつくっただけですので、ページそのものは10分で出来たといいます。

　商品写真も調理動画もスマホ撮影です。飲食店オーナーはITに苦手意識を持つ人が少なくありませんが、やってみれば実際は簡単です。「誰にでもすぐにできる」と言って差し支えありません。

　そのことを知ってほしいと思い、高岳氏はオンラインストアの案とやり方を知り合いの飲食店経営者などに広めました。新型コロナウイルスの影響を受けてから売り上げ改善の施策に取り組んだとしても、十分に効果は期待できます。むしろ新たな販路をつくり出し、経営リスクを抑えることにもつながります。

　そのことをLABOの取り組みを通じて知ってもらい、飲食店の経営力向上に貢献することが高岳氏の大きな目標です。

新型コロナウイルスの影響

　LABOをスタートさせたことで、売り上げは新型コロナウイルスの影響で減った分の3分の1から半分ほどをリカバリーでき、利益はコロナ禍の前の水準にまで戻りました。売り上げの戻りに対して利益の戻りが大きいのは、LABOの運営はほとんど人件費がかからず、固定費もかからないためです。

　常連客が来店する機会はコロナ禍で激減しましたが、LABOを通じてウルトラチョップの存在を知り、「店に行ってみたい」と思う人は増えました。

　当初は店内飲食の売り上げを補填するためのオンラインストアでしたが、LABOが店の宣伝手段となり、店が新規の顧客の受け皿になるという流れができたわけです。

　今後、新型コロナウイルスの感染が収束して街中の人通りが戻ったとしても、店舗では3密回避のために座席の間隔を空けた営業が主体となるでしょう。客足は戻っても売り上げの回復は当面難しいことが予想されます。

　そのような影響を中長期的に対策する意味でも、オンラインストアは店舗運営のリスクを抑える施策になっています。

成功のポイント

　ウルトラチョップのLABOは、すぐに取り組めてスタートできる点に成功の要因があります。

　「LABOを通じて知ってほしかったのは、すぐに簡単にできるということでした。実際、LABOを構想したのも新型コロナウイルスの影響を受けてからです。飲食店経営者はITに苦手意識を持つ人が多く、

SNS活用やDXが重要だと言ってもなかなか伝わりません。だからこそ、『10分でFacebookページがつくれる』『コストは不要』『明日から売れる』といったことを伝えて、すぐにでも始めてほしいと思ったのです」（高岳氏）

　スタッフに聞けば、Facebookをやっている人は1人くらいいるもの。グループをつくり、店を応援してくれている人を集めれば、50人から100人くらいは集まるでしょう。

　グループができれば、あとは招待を通じてグループを育てつつ、店の情報などをタイムラインで上げていきます。実作業は少なく、コストもほとんどかかりません。

「仮にグループの50人が週に5000円分の買い物をしてくれるとすると、週に25万円、月100万円の売り上げになります。それだけでも売り上げが減っている状況下では大きな成果です。実店舗を回すより利益率が上がるため、以前の7割程度の売り上げにとどまったとしても、利益は以前と同水準まで戻せる可能性があります」（高岳氏）

　コロナの影響で経営が苦しくなった原因が家賃などの固定費にあると考えると、オンラインストアの併設は本当に必要なリアル店舗数を考えるきっかけになりそうです。

　休業要請などによって売り上げが激減すると、店舗数が多いほどリスクが大きくなり、10店舗もあると家賃負担だけで危機に陥ります。

　それならば、店舗は鍵となる店だけにしぼり、低コスト・高利益率のオンラインに力を入れるのが現実的です。

「例えば、店舗で新たなメニューを作り、LABOで周知します。ネタ作りやショールームの役割を店舗に持たせて、LABOで拡販していきます。このような事業に変えることができれば、店舗を構えるリスクはかなり抑えられるでしょう。飲食業にとっての究極のDXと言えるかもしれません」（高岳氏）

4Pを踏まえた戦略の整理

ウルトラチョップのDX2.0は、以下のように整理できます。

Problem（課題）：

コロナ禍によって飲食店を取り巻く環境が激変しました。休業要請で営業できなくなり、売り上げが大幅に減ります。店内飲食で提供するはずだった在庫が大量に余る可能性も出てきました。家賃や人件費などの負担は減らず、休業要請が長引くほど固定費の負担は膨らみます。要請が解除されても、以前のように街中に人が戻るとは限らず、3密回避のため店内の座席の間隔を空ける必要もあります。この状況下で必要なのは、新たな収入源をつくることでした。

Prediction（未来予測）：

コロナ禍でテークアウトやデリバリーが広がったものの、いつまでも全国チェーン店のメニューや弁当類では飽きてしまいます。すると食のバラエティーを求める人が増え、その中にはラムチョップが食べたいと思う人も現れるだろう。未調理の生肉を販売しても、外出自粛とテレワークで自宅にいるため調理にかける時間はあるだろう。ついでにラム肉に合うワインを買い求める人もいるだろう——。そんな予測を立てました。

売り上げ確保の方法として、クラウドファンディングを通じて営業再開後に使えるディスカウントチケットを販売する店もありましたが、需要の先食いをすることで営業再開後に苦しくなるリスクがあります。そこで「今」の需要で売り上げをつくれるオンラインストアがよいと判断しました。

Process（改善プロセス）：

　商品と調理方法の紹介には、Facebookページを使いました。手間とコストが最小限で、資本力のない個人や小規模飲食店でも実行できる方法です。高岳氏本人がFacebook上で多くの友人、知人とつながりを持っていました。また、商品と金銭をやりとりするには信頼性が欠かせないため、本名でアカウントを作るSNSがよいと考えました。受注と決済については、現在は「stores.jp」で行っています。

　動画では、調理方法の他にワイン評も公開しています。これは、飲食店ならではの付加価値を提供することが大切という高岳氏の考えからです。食の楽しみを向上させる環境づくりは、飲食店の重要な役割です。そこに着目し、単に売り場ではなく有意義な情報提供をしているのがLABOの特徴です。

People（人の関与）：

　LABOは、高岳氏がFacebookでつながっている友人知人のうち100人を招待してスタートしました。常連客、ラム肉が好きな人、飲食店のオンラインストアという新しい試みに関心を持ってくれそうな人などに絞ったと言います。

　その先の紹介は、コミュニティーが荒れるリスクを考慮して「友だちの友だち」までに限定しています。紹介を通じて会員が増え、現在は約1000人のコミュニティーになっています（20年9月時点）。

　すぐにLABOをスタートできたのは、ウルトラチョップの常連客が多かったことと、彼らとデジタルのつながりを持っていたことです。

　リアル店舗で培った顧客とのつながりをデジタル化できていたことがLABOのスムーズな普及につながっています。

Showcase Gig

スマホで事前注文、
非接触&省人化のリード役

会社概要とDXの取り組みの背景

　Showcase Gig（東京・港）は、スマートフォンから料理などを注文できるモバイルオーダーシステム「O:der（オーダー）」を開発・提供する企業です。

　設立は12年。翌13年からO:derの提供を開始しました。牛丼チェーンの吉野家など大手チェーンの他、コーヒーショップ、焼き肉店、デパ地下の総菜店など幅広い飲食関連企業に支持され、導入店舗数は3500店まで増えました（20年7月時点）。

　パイロット版のO:derをリリースした13年当時は、モバイルオーダーという仕組みは海外も含めて例がありませんでした。注文や決済をスマホで行い、実店舗で商品を受け取る仕組みは近年、OMO（Online Merges with Offline）／オンラインとオフラインの融合）とも呼ばれていますが、当時はまだその概念もありませんでした。

　その状況下で同社CEOの新田剛史氏は、いずれ「ネットとリアルが簡単につながる時代が来る」と考えていたと言います。

　その未来像を信じ、同社はO:derの普及に努めるとともに、自ら焼き肉店を経営するなどしてリアルとの理想的な融合を模索。多くの飲食店にとって課題である業界の人手不足問題や店舗運営の効率化などが背景となり、O:derは省人化・省力化につながるソリューションとして注目を浴びるようになります。

目指す姿

　同社が目指してきたのが、「日常の消費行動をテクノロジーで再定義する」ことです。

　旅行などのハレの日にまつわる、例えばホテル予約や旅行券の購入手続きはDXが進んできました。一方、飲食や小売りなど日常使いする店舗のサービスはアナログの業務が多く、デジタルへの置き換えがなかなか進みませんでした。

　O:derはその領域のDXを推進しています。

　近年、店舗内のタッチパネルでメニュー注文する仕組みをよく目にするようになりました。これを店内システムにとどめず、個人が持つスマホから事前注文、決済が可能になれば、店舗は顧客にとってより便利でパーソナルになります。

2020年2月、全国の吉野家で「O:der」を活用したスマホオーダーを導入

　例えば、注文するたびにその履歴が蓄積されるので、店舗側は似たメニューを好む他の客がよく注文するメニューを優先的にカスタマイズ表示することで、自分の食の好みを理解してくれているようなメニュー画面を見せることができます。特定の食材にアレルギーがあればあらかじめセットすることでメニューから省くことも可能です。

　店舗側は、省人化・省力化のメリットが得られ、店舗運営の効率化が実現できます。人件費や固定費の削減によってコストを抑えられるだけでなく、テークアウトは客単価が上がりやすいため、売り上げ、利益率が向上しやすくなります。

新型コロナウイルスの影響

　O:derは、18年ごろから飲食店からの問い合わせがさらに増え、需要が顕在化し始めていました。そしてコロナ禍では、飲食店に向けた休業要請が実施されたのを機に問い合わせ数が急増しました。問い合わせ件数を見ると、20年1月対比で4月の問い合わせ件数は約10倍に増えたといいます。

　問い合わせで多かったのは、店内飲食の売り上げ減少分をテークアウトやデリバリーで補いたいという内容。それに加えて「非接触」のニーズも増えました。

　口頭で注文を受ける接触機会を減らしたいというニーズが来店客側と店舗側の双方で高まり、その解決策として非接触の注文が実現できるO:derが脚光を浴びることになりました。

　非接触で商品を受け渡しできる「O:der Locker（オーダー・ロッカー）」の問い合わせも増えました。注文を受けた料理などを一時的に保管し、購入者がスマートキーで解錠して受け取ることができる温冷対応のロッカーです。

店側は出来上がった料理をロッカーに入れるだけ。注文客が自分で決済し、料理などを受け取っていきます。非接触という点でも店内オペレーションの効率化という点でも好都合です。

　また、休業を機にアルバイトなどのスタッフを減らす飲食店が増えましたが、もともと人手不足の業界ですから、営業再開後に再びアルバイトを確保するのが大変です。その悩みを解決する手段としてもO:derは高く評価されました。

成功のポイント

「いずれ飲食業界にオンライン化の波がくる」という新田氏の明確な予測（Prediction）に基づいて設計したO:derは、予測通りの推移にコロナ禍も加わり、導入が進みました。

　オンライン化を予測できたのは、利用者にとっては利便性、事業者にとっては省人化や省力化といったメリットが生まれることが明らかだったからでしょう。

「対人の接客にこだわる店でなければ、オンライン化はポジティブな影響ばかりです。コロナ禍によって普及のスピードは速まりましたが、コロナ禍に関係なく、早晩くる流れだったと思います」（新田氏）

　では、なぜ飲食店は他業種と比べてオンライン化に出遅れていたのでしょうか。

「モバイル活用やオンライン化について飲食業界の方々と話をしていると、何か変えたいという気持ちがある半面、従来のやり方を変えるのは面倒と捉えているように感じます。それでつい『やらない理由』を探してしまい、出遅れていたのだと思います」（新田氏）

　人手不足の折、飲食店は日々のオペレーションを回すだけで精いっぱいな面があります。しかし、コロナ禍でそうも言っていられなくな

りました。オンライン化が待ったなしになったのです。

「いずれ業界全体がオンライン化していくという予測はありましたが、コロナ禍で2年ほど早まったと感じます。コロナ禍をきっかけに、接客の方法や店舗運営について、根本的に考えを改める必要に迫られました。まさに日常が再定義されたのだと思います」(新田氏)

4Pを踏まえた戦略の整理

Showcase Gigの取り組みをDX2.0の4Pで整理します。

Problem(課題):

多くの飲食店が共通した問題を抱えていました。

- アルバイトを募集してもなかなか人材の確保が難しく、現場は常に人手不足で多忙なこと。
- ランチの時間帯などに来店客が集中して待たせることになり、一方、その他の時間は比較的空いていて平準化を図るのが難しい。
- 来店客の食の好みに幅広く答えていこうとすると、メニューは増える一方になり、メニュー表が大型化。新メニュー表を刷新するたびにコストがかかる他、注文が少ない料理の食材が無駄になりやすいなど、非効率な点が多い。

Prediction(未来予測):

O:derの普及の背景には、飲食業界のオンライン化という予測がありました。来店客の注文や決済の手間を軽減し、人手が足りない店舗側の作業負担も軽減する点がO:derを開発した目的であり、O:derによって実現できる理想的な環境でした。この予測に基づいて、モバイルオーダーのアプリやプラットフォーム開発を先行してきたことが、現

在の需要獲得につながった大きな要因と言えます。

Process（改善プロセス）:

　飲食店のオペレーションを分解し、人が介在しなくてもよい部分をDXで解決を図った結果、注文や決済はO:der、料理の受け渡しはO:der Lockerで省人化を実現しました。来店客側から見ると、店舗探しから料理の注文までが一連の流れでできる方が便利ですし、特定アプリからのみではなく、複数の方法で注文画面にたどり着ける方が重宝します。そこでO:derは他社サービスとAPI連携し、現在はGoogleマップやInstagramなどからも注文できる仕様になっています。

People（人の関与）:

　O:derが世の中に普及した背景には、省人化、省力化、非接触、衛生的、キャッシュレスといった様々な要因があります。

　中でも特徴的なのが、個々のニーズや好みに合わせてカスタマイズされる点です。例えば、下戸の人にアルコール類のメニューは不要ですし、辛いものが苦手な人は辛い料理のメニューを見ません。顧客の過去の注文履歴から、注文されやすい料理を絞り込むことができ、それを前面に表示することで、注文を促すことが可能になります。こうした注文データの分析、調整をすることで、来店客のエンゲージメントが向上し、来店客が「自分を分かってくれている店」と感じる良い関係性が構築できるようになります。

4-8

ケーススタディ08　**シェアメディカル**

聴診器に200年ぶりの革新
デジタル聴診デバイスを開発

会社概要とDXの取り組みの背景

　19年12月、診療の現場で医師が患者の体に直接当てて心音などを聴く、あの「聴診器」に200年ぶりのイノベーションがもたらされました。既存の聴診器をデジタル化し、録音、ワイヤレス化、音量調整が可能な後付け型のデジタル聴診デバイス「ネクステート」の出荷が始まったのです。販売価格は5万円（税別）。

　開発したのは、医療ベンチャーのシェアメディカル（東京・千代田）。代表取締役の峯啓真氏は、前職で患者がクチコミを投稿・閲覧できる病院検索サイト「QLife」の立ち上げに参画しました。東日本大震災を経て、臨床現場に近い医療サービスを志し、14年に独立。翌15年に医療従事者用コミュニケーションツール「メディライン」をリリースしています。

　「今使っている聴診器をアップデートする」というコンセプトの通り、峯氏が開発したのは医療機器（デジタル聴診器）ではなく、今愛用している聴診器からチェストピースを取り外して装着することでデジタル化できるデバイスです。

　ネクステートは、心音や肺音など微弱な生体音をデジタル化するのみならず、DSP（デジタル・シグナル・プロセッサー）イコライザーの搭載によって、環境音を抑制し、生体音を聴きやすく改善。聴診器で捉えた生体音を最大1000倍に拡大できます。デジタル化することで、インターネットを介した遠隔聴診にも道を開きました。

　開発のきっかけは、医師の声でした。聴診器の耳に挿入する部分「イヤーチップ」の素材には近年まで樹脂が使われていて、密閉を保つためバネの力で耳に押し当てます。「拷問器具だ」と自嘲気味に話す医師もいました。実際、小中学校の健康診断などで数百人を検診し、付けたり外したりを繰り返すと、「耳が痛くなる」といいます。

　音楽を長時間聴いても苦にならないワイヤレスヘッドホン／イヤホンで聴診できればいいのではないか……。そこで、集音した心音や呼吸音をデジタル変換し、Bluetoothを使ったワイヤレス通信で対応スピーカーやヘッドホンに送信して聴診した音を聴けるようにする規格を考えました。

　もちろん、実用に耐えうる精度の高い製品にするまでには苦労も伴いました。例えば心臓の音は10〜40Hzの非常に低い周波数が中心で呼吸音などより低く、会話を集音することを前提として設計された通常のマイクでは拾いづらかったりします。非常に微弱な生体音を集音

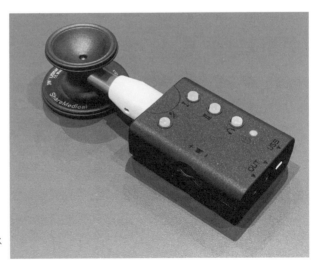

デジタル聴診デバイス
「ネクステート」

しつつ、余計なノイズが入らないように、また必要な音をノイズ扱いしてカットしないように再現する必要がありました。

　それが可能な工場を探し求めて東京・大田の中小企業を40社訪ね歩き、最終的には台湾企業とのマッチングイベントで紹介のあった音響機器のODMメーカーに行き当たりました。こうして、医師からのフィードバックを受けて改良を重ね、聴診に必要な音をハッキリと聴き取りやすい、ネクステートが完成しました。

コロナ禍で大活躍

　ネクステートの開発は早速、コロナ禍の医療現場で威力を発揮しました。病院の発熱外来には、感染の疑いがある患者がたくさん訪れるため、どんなにマスクやフェイスシールドをしても、診察する医療従

豊田地域医療センターの発熱外来では、診察にネクステートを使用

事者も感染のリスクにさらされます。それが、Bluetooth無線通信機能が内蔵されているネクステートを使うことで、約10メートル離れたワイヤレス聴診が可能になりました。医師たちは防護服を着なくてもビニールカーテンやアクリルパネル越しで安全な診察が可能になり、ネクステート本体も、ビニール袋に入れたり、ラップフィルムで包んだりすることでアルコール消毒を容易にし、聴診器を介した接触感染拡大を防ぐことができます。何よりそうした医療施設の積極的な工夫は目に見えるため、患者自身の心理的安心感につながり、過剰な受診抑制を防ぐことが期待できます。

　愛知県豊田市の豊田地域医療センターでは、発熱外来を設置するに当たり、ネクステートを用いて新型コロナウイルス感染疑い患者の診察を実施しました。ネクステートを患者自身で当ててもらい、医師はビニールカーテン越しにワイヤレスヘッドホンで聴診し、問診も含めて飛沫感染リスクを抑えながらの診察を実現しました。

オンライン診療、在宅診療の実現が近づく

　Bluetoothの場合は距離にして10メートルほどのワイヤレス聴診ですが、スマホなどを接続してインターネット通信できるようにすれば、地球の裏側からでも聴診は可能になります。例えば看護師だけが患者の自宅に訪問して聴診器を当て、医師は病院に居ながらにして聴診して診察することが可能になります（D to P with N型オンライン診療）。医師不足の地方や医療過疎地、離島などにおける医療環境の効率が大きく改善することが期待できます。

　これまでのオンライン診療は問診が中心で、「テレビ電話」の域を出ませんでした。ネクステートは、聴診器を当てて施術する人と、聴診音を聴いて診断する人を分離できます。そのため、医師（D）が遠

隔で看護師（N）に指示を出して患者（P）に処置する「D to P with N」型、20年度の診療報酬改定で新たに算定された「D to P with D」型のオンライン診療を可能にしました。

X線写真のように目に見える記録があるものは、複数の医師でチェックすることで疾患の見落としを防ぐことが可能です。また近年、AIに学習させることで疾患の見落としを防ぐ取り組みも進んでいます。

ところがこれまで、聴診については複数の医師でチェックする機会もなく、ブラックボックス化していました。心音の僅かな異常を聴き取って重大な疾患を察知するようなベテラン医師の技を共有して若手が学んでいくような機会は、なかなか持ちにくい領域でした。

それがデジタル化によって録音が可能になったこと、さらにBluetooth接続のスピーカーを使用することで、その場にいる医師同士が自然とディスカッションするようになり、「耳」をブラッシュアップする機会が開けました。また、聴診音データをディープラーニングで解析することで、聴き落としかねない僅かな異常や、前回の聴診からの良化・悪化を経時判別する技術なども今後、進んでいくものと思われます。

19年12月には、専門医らによって「聴診データ研究会」が設立。聴診音データの集積、解析を行う医療従事者間の知識交換を促進し、聴診データの活用拡大を目指しています。また分科会として、患者と医療従事者が時間と地域を問わず医療リソースにアクセスできる環境構築を目指す「ユビキタスヘルスケア部会」も20年2月に設立され、医療のDX促進が期待されています。

ネクステートのビジネスは、単にハードのモノ売りにとどまらず、その性格上、データ活用ビジネスに発展していくことは確実です。5Gによる鮮明な問診と組み合わせることで、よりきめ細かい診察がオンラインでも実現しそうです。

4Pを踏まえた戦略の整理

シェアメディカルの取り組みをDX2.0の4Pで整理します。

Problem（課題）:

医療従事者と情報交換する過程で、診察が長時間に及ぶと聴診器で耳が痛くなるとの情報を得ました。

Prediction（未来予測）:

音楽を聴くワイヤレスヘッドホン／イヤホンのような形なら長時間の聴診も苦にならないのではないか。そのためには心音や呼吸音をデジタル化して、通信できるようにする必要がある。それが可能になれば、オンライン診療で問診のみならず聴診も可能になるだろうと、診察の未来図を予測しました。

Process（改善プロセス）:

聴診音のデジタル電送は一筋縄ではいかず苦労しますが、台湾の音響機器メーカーの協力を得て、開発に成功します。不要なノイズをカットし、必要な音をノイズ扱いしないよう、細かいチューニングを重ねて完成にこぎ着けました。

People（人の関与）

開発に際して多くの医療従事者からフィードバックをもらい、改良を重ねて完成度を高めました。聴診音をデジタル化して共有が可能になったことで、若手医師がベテラン医師から異常音の聴き取りを学び、継承する機会ができました。オンライン診療の発展で、医師不足の地方や過疎地に住む患者にとって医療体制の充実が期待できます。

サイバーエージェント

広告事業の枠を超え、マーケティングDX支援に乗り出す

　ブログサービスの「Ameba」やインターネット放送局「ABEMA」などでおなじみのサイバーエージェントも、DXの分野で新事業に乗り出しました。

　2020年5月、マーケティングのDXを推進する「DX Opportunity Center」（以下、DXセンター）という専門組織を社内に創設し、事業化に向けた取り組みを進めています。

　DXセンターは、サイバーエージェントが持つAI技術、サービス開発、システム開発のナレッジを活用して、取引先企業のマーケティングのDX推進を支援する組織です。

　同社インターネット広告事業本部にて、マーケティングおよびデータ領域を統括する羽片一人氏によると、ネット広告という従来の枠組みにとらわれず、消費者の変化や自社の事業のポートフォリオの変化に合わせながら、能力を変えていかないといけないという議論は以前からあったといいます。

　市場環境を見ると、例えば、店舗や店頭でDXを活用するプロモーションが増えています。AIを活用する需要予測や、需要予測を踏まえたダイナミックプライシングのような取り組みも普及しています。

　このような環境の中で、各企業は従来のマーケティング手法を変革していくことが求められるようになりました。その変革を支援するために、例えば、販促プロモーションのDX支援やファンコミュニティーの形成の支援といったソリューションを提供する専門部署を組織化することにしました。

4つの事業領域

DXセンターでは、主に4つの分野でDX支援を行っていきます。

1つは、OMO分野。需要予測や、需要の変化などを踏まえたプライシングなどに関わるソリューションを提供します。

2つ目は、D2C分野。サブスクリプション型で商品・サービスを販売するモデルの提案や構築支援などがここに含まれます。

3つ目は、D2M（Digital to Mass）。これはサイバーエージェントが提唱している新しいマーケティングのフレームワークです。

D2Mは、デジタルマーケティングの手段を起点とするのではなく、顧客を起点としてマーケティングを設計することを指します。つまり、多様化・複雑化する手段からスタートするのではなく、まずは顧客を理解したうえで、マーケティングの投資効果が最大化できる手段を選択するということです。

4つ目は業務関連分野。RPA、チャットボット、OCRなどを活用する業務フロー改善により、人が担ってきた業務をデジタルに置き換えます。

これらの業務にはそれぞれ専任の営業担当者が就き、センター全体の人員は10人前後。羽片氏によれば、同社の新規事業は専任担当者数人の規模でスタートすることが多く、過去の例から見ると人員は多い方だといいます。

また、ソリューションの開発や提案は基本的にはサイバーエージェントが持つナレッジを活用しますが、優位性あるソリューションをつくり出したり、サービスのクオリティーを高めていったりするためのノウハウが社内でいまだ十分に整備されていない可能性もあります。そのような場合は、外部から力を借りることも視野に入れ、新規事業らしく、走りながら戦略を決めていく方針です。

4章

企業事例編

DXセンターの特徴

　顧客となる取引先は、DXへの関心度は高いものの、具体的な進め方が分からない会社が多く存在しています。本書が啓発するポイントでもありますが、DXそのものが目的になり、顧客目線を欠いたDXにコストや労力をかけてしまう可能性もあります。

　DXセンターは、そうした失敗を防ぐ役割を担います。コンサルティング会社などと比べて個人のユーザーと多くの接点を持つサイバーエージェントは、市場との距離が近く、顧客を起点にマーケティング視点でDXを進めることが可能です。

　DXに着手し、マーケットに合う事業モデルに変革を目指すとなると、ベンチャー企業はスピーディーに対応できるかもしれませんが、大手や老舗はどうしても動きが遅くなります。

　例えば、メーカーや小売店がECを始める場合、そのための準備や投資が必要になります。しかし、EC事業に詳しい人がいなければ先に進めません。リアル店舗とECは在庫のオペレーションなどが違うため、そのようなポイントを押さえながら事業をつくるための知見も求められます。

　また、昨今はSNSなどを活用するファンコミュニティー向けのマーケティングが重視されるようになりましたが、同じことをやろうとしても、もともとコミュニティーを形成できていなければ効果は限定的になります。

　人材がいない、育っていない、ファン層とのつながりが弱いといった課題に対する解決が求められる場面で、DXセンターの出番があると考えています。

　DXセンターで特徴的なのは、サイバーエージェントが手掛けてきた
ネット広告の事業モデルや、広告の必要性や効果といった根本的な部
分と併せて、この新しい領域にも取り組んでいることだと思います。
「デジタル化によって消費行動が変わり、企業のやることも変わりま
した。この変化は企業にとってはピンチでもあり、チャンスでもあり
ます。DXの取り組み方によって、伸びる企業と伸びない企業に分かれ
るでしょう。そこはサイバーエージェントも同様です。消費者が変わ
り、マーケットが求めるものが変わり、代理店に求められるものが変
わってきています。その変化を捉え、会社としての能力をいま一度見
直すことで、サイバーエージェントとしての事業を考え、新たな価値
を提供していく必要性を感じます」（羽片氏）

　事業スタートのタイミングについては、DXという言葉が浸透してき
たことと、新型コロナウイルスの影響も関係していると言います。
「コロナ禍であらゆるものがオフラインからオンラインに変わりまし
た。ユーザー側はオンラインの便利さや非接触のメリットなどを実感
しましたし、その反応を受けて、企業側もDXの取り組みが活性化す
るだろうと考えました。以前から事業化の議論はあったのですが、事
業はタイミングが重要です。コロナ禍で働き方や暮らし方が大きく変
わる今がそのタイミングだろうと考え、以前から考えていた施策をソ
リューション化し、新たな事業としてスタートを切ることになったの
です」（羽片氏）。コロナ禍は企業の基礎体力を明確にした出来事でも
ありました。

　例えば飲食店などは、常連客とのデジタルのつながりの有無で自粛
期間中の営業の明暗が分かれました。このような現実もDXセンター
の施策に反映されています。
「飲食店に限らず、会員基盤を持っているかどうかは重要なポイント
です。ネット広告に関しても、そもそもファンを抱えていないから広

告が必要になるという見方ができるでしょう。今までは広告クリエイティブを作り、それをデジタル化して様々なルートに配信してきました。今後はその流れを変えて、ファンをつくって、ためていくための手段として様々なデジタルツールを使う視点が必要ではないでしょうか。広告をフロー型とするなら、ファンというストックを起点にすることで、フロー型からストック型の事業に変わっていくと言っても良いと思います」（羽片氏）

　羽片氏の表現を借りると、動画コンテンツの途中に広告を挟み込む形の出稿は従来のフロー型です。動画途中の広告はスキップされがちで、注目度が低い問題があります。

　それならば、動画コンテンツそのものに投資した方が効果は大きいかもしれません。広告活動のみに頼ることなく、オウンドメディアや自社制作のコンテンツに人を呼ぶことで、密度と濃度が高いファンコミュニティーができます。

　「ユーザーは限られた可処分時間を使ってコンテンツを見ています。動画の他、FacebookやInstagramなども含みますが、D2C、D2Mの視点で、デジタルでつながるファンを増やすためのサービスをつくっていくことが重要だと考えています」（羽片氏）。本格的な取り組みはこれからですが、サイバーエージェントが推進するDXがマーケティング視点を重視したものになることは間違いなさそうです。

5章

今日からできるDX2.0

企業のDX診断

	アナログ
個人のデジタル	会社の携帯電話がガラケー中心
社内Wi-Fiなどインフラ	社内に社員用Wi-Fiがある
コミュニケーション	電話とFAX、郵送が主なコミュニケーション手段である
デジタルツール	社員全員にパソコンが支給されていない
経理など	経費精算は経理が用紙を入力している
人事総務処理	休暇や勤怠の申請用紙を入力
社内情報管理	社員一括のスケジュール管理システムがない
決済など	支払いは現金+クレジットのみ（通販の場合は振り込み、代引き、後払い）
ホームページ	ホームページがあるが更新されない、検索順位も低い
顧客の情報/オウンドメディア	顧客の情報は紙の名簿などで管理している
SNS・コミュニティ	自社SNSやコミュニティーを開設していない
会議の電子化	各会議室にモニターが設置されていない
マーケティング	マーケティング部門がない
IT部門	社内のITに即時対応できる体制がない
IT/マーケティング社内協同	IT部門、マーケティング部門が両方ともない
社員リテラシー	経営陣を含めパソコンやスマホを使えない社員がいる
顧客の声の経営への反映	顧客の声を経営に反映する部署がない
消費者の声を反映	定期的なマーケティングリサーチを行っていない
フレキシブルな予算	デジタル化の予算やアナログ削減計画がない
変革・実験のマインド	前例のないことは却下されてしまう。複数案があっても片方しかできない
経営陣のコミット	デジタルのことは関心がない。必要ないと思っている

自社の現状を把握する

まずは自社のDX進展度を確認するところからスタートです。今の業務や社内体制について、以下の表でチェックしてみてください。

DX1.0	DX2.0
会社が必要な人員にスマホを支給している	社外からつなげるWi-Fi環境やVPNなどが整備されている
社内に社員用Wi-Fiとゲスト用Wi-Fiがある	
メールが主なコミュニケーションでFAXや郵送が減少している	社員全員がチャットツールなどを活用している
社員全員にパソコンが支給(もしくは)BYOD制度がある	社員全員にノートパソコンとWi-Fi (VPN)が支給。在宅勤務可能
オンライン勤怠管理と経費精算が可能(証票は提出)	契約、捺印業務が電子化している
スケジュール管理がネットワークでできる	リモートワークが可能でその制度がある
支払いはアナログに加え非接触IC、QRコード決済が可能	サブスクリプションなどLTVを高める決済モデルがある
定期的に更新される検索順位の高い会社のホームページがある	ホームページ、SNS、会員などが有機的に連携してファンが可視化されている
顧客のデータベースがあり情報を蓄積している	CSやSNSの書き込みをデータベースに蓄積し、顧客データベースを分析しパーソナライズをしている。(HP表示、メール、チャットなど)デジタルマーケティングを実行する体制がある
自社SNSを開設しているが戦略的な活用や定期的な更新をしていない	戦略的に運営やアクティブリスニングをしている
	SNSやコミュニティーの書き込みをデータベースで分析してファンを可視化している
各会議室にモニターやプロジェクターが常時設置されている	会議室にリモート会議の準備がある(モニターやスピーカーなど)
マーケティング部門がある	
即時対応できる体制やIT部門がある	IT部門とマーケティング部門が話す場や、それらを統合するCDO/CDMOの役割がある
IT部門とマーケティング部門の両方あるが話す場や役割がない	
経営陣を含め全員パソコンやスマホを使える	必要な社員が全員クラウドベースのツールやチャットでつながっている
顧客の声を経営に反映する部署はあるが、ITとマーケティングがつながっていない	顧客の声を経営判断に反映する仕組みや役割が存在する
定期的なマーケティングリサーチを行っている	消費者の声を経営判断に生かす役割や部署が存在する
デジタル化の予算はあるが、DXや新規案件の進めるための別予算がない	DXや新規案件を進めるための別予算がある
迷ったら両方やるABテストの環境がある	言いたいことが言いやすい、失敗をとがめない文化がある
社内のできる部分はIT化する必要があると思っている	経営陣がDX、マーケティング視点にコミットしている

5章では、ここまで見てきたDX2.0の考えや事例を踏まえながら、自社のDXの方法を具体的に考えてみることにしましょう。章の中には、そのためのワークシートをいくつか入れています。オンラインで使えるシートも用意してありますのでDX推進に役立てていただけると幸いです。→6ページ参照

　すでに解説してきた通り、DXの取り組みは、アナログ、DX1.0（アナログからデジタルへの置き換え）、DX2.0（マーケティング視点のDX）の3段階があります。

　最終的にはあらゆる領域でDX2.0に進むのが理想ですが、その前段階として、アナログで止まっているものをDX1.0に引き上げる必要があります。

　マズローの欲求5段階説でいうなら、DX1.0は、いわば生理的欲求・安全欲求であり、低次元の欲求です。その上にある高次元の欲求に進むためには、基礎であるDX1.0に到達していなければなりません。

　現状が整理できたら、アナログの領域はDX1.0へ、DX1.0で止まっている領域はDX2.0へ進めます。

　例えば、社員にPCなどが行き届いていないのであれば、まずはPC、スマホ、タブレットなどを用意し、DX1.0へ進みます。社員がガラケーを利用している場合はスマホを支給し、支給できているとしたら、Wi-Fi環境の整備へと進んでいきます。その中でもすぐに実践すべきことが会議室へのモニター設置です。

　DXでは「データドリブン」が重要なので、参加者が同じ数字などを見て議論することが重要です。また自社や競合のサイトやSNSもほぼ毎日変わっています。常に現状を確認しながら推測でない事実をベースに議論することが重要です。モニターが設置されることで社内の雰囲気も変革モードになるでしょう。

Problemワークシート

誰の、どんな問題を解決するのか

　DX1.0からDX2.0への進め方は、DX2.0（マーケティング視点のDX）の4Pを踏まえて考えていきます。

　まずは4Pの最初のステップとして、Problemを明確にします。

　DX1.0からDX2.0に進むことよって、「誰」の「どんな問題」を解決するのかを見定めるということです。

「誰」と「どんな問題（何）」を決めることは、マーケティングの基本とも言えるターゲティングです。ターゲットを明確にすることにより、何のためのDXかが明確になりなすし、ユーザーメリットを生まない「DX目的のためのDX」になるのを防ぐことにもつながります。

　例えば、前章で紹介した事例は、以下のように整理できます。

●ターゲットは誰か？	●何の問題を解決するか？
ウォルマート：時間がなく忙しい現代人	ウォルマート：待ち時間をなくす
フェンダー：継続しない初心者	フェンダー：オンラインレッスン
SOELU：家庭でトレーニングしたい母親	SOELU：オンラインレッスン
O:der：人手の足りない外食産業	O:der：オンライン受注システム
Zoom：在宅勤務者、フリーランス	Zoom：簡易なオンライン会議システム
●実施すべきこと：ターゲットの見直し	●実施すべきこと：調査からの仮説構築
・現在の顧客へのサービスは十分か？	
〜過去の成功体験を捨てる必要がある	
・現状の他に有効なターゲットはいるか？	
〜仮説を持って消費者調査を実施	

　米アマゾンでは、商品開発などの会議をする際には、会議室のテーブルに誰も座っていない椅子を用意するといいます。会議では、ここに顧客が座っていると仮定。商品開発もサービスの改善も、すべての取り組みが顧客のためであることを会議参加者が視覚的に意識できるように、空の椅子を使っているのです。

●ターゲットは誰か？	●何の問題を解決するか？
●実施すべきこと:ターゲットの見直し ・現在の顧客へのサービスは充分か？ ・現状の他に有効なターゲットはいるか？	●実施すべきこと:調査からの仮説構築

　「デザインシンキング」のプロセスも頭に入れておくと良いでしょう。
　デザインシンキングは、Empathize（共感）、Define（定義）、Ideate（解決策）、Prototype（試作）、Test（試す）の５つで構成するサイクルで、このサイクルを回しながら開発や試作に取り組むことでユーザー視点に立ち返りやすくなります。
　重要なのは、最初の要素であるEmpathize（共感）です。「自分がユーザーの立場だったら」という仮定に立ち、課題解決に向けた取り組みをスタートします。Testまで進んだら再びEmpathizeに戻り、試作品のフィードバックから改良点を考え、2周目で改善・改良を図ります。このサイクルを回すことで、ユーザーが求める解決策に近づきます。

Predictionワークシート

DX2.0では未来の働き方や暮らし方をよくするための施策を考える際、既存の商品やサービスがないケースが大半です。そこで、未来の理想的な働き方や暮らし方を考え、「ここが不便に感じるだろう」「こうした方が使いやすいだろう」といったことを想像しながら、ユーザーにとって最適な解決策を模索していきます。それがPredictionです。

理想像を具体的に思い描く

●Predictionワークシート

Q.ターゲットの理想の状態は何か？

ウォルマート：簡単に注文できて待ち時間なくピックアップできる。決済は自動。店舗にないものや定期購入品は家に届く

フェンダー：24時間レッスンが受けられてギターが早く上達する。上級者のギターで楽曲が弾けるようになり、ネット上や人前でも演奏する

Soelu：家で好きなときに簡単にヨガレッスンが受けられる。レッスン中でも簡単にキャンセルできる

O:der：（店舗側）注文聞き・給仕・レジの手間がかからない
（客側）簡単に注文・決済できて待ち時間なくピックアップできる

Zoom：簡単にビデオ会議ができて資料共有や保存も可能。会議の記録も取れて、自動的に議事録も作ってくれる

　Predictionで重要なのは、ターゲットにとって理想的な状態を明確にすることです。例えば、4章で紹介した事例では、153ページの表のような理想像を描いたといえます。

　上記の例を参考にしながら自社がDXを提供したい相手が、どんなことを理想と考えているか整理してみましょう。

●Predictionワークシート

Q.ターゲットの理想の状態は何か？

先にプレスリリースを作るAmazon

　米アマゾンでは、「Working Backwards」という方法で商品開発に取り組んでいます。

　これは63ページで説明したバックキャスティングと同じような意味で、最初に完成形を描き、そこから必要な施策や不足しているものを考えていくものです。

　アマゾンはこの流れを仕組み化していて、まず完成した商品やサービスのプレスリリースを書きます。「お客さまが抱えるこんな課題を解決するために、この商品をリリースしました」とリリースを書くことにより、理想の完成形を具体的に描くのです。

リリースは、これから作り出す解決策の特徴をまとめたものと言えます。誰の、どんな問題を解決するものなのかも、言語化することによってさらに明確になるでしょう。また、社内の関係者にリリースを回覧することが、これから作り出そうとしている解決策が本当に価値のあるものなのかどうかを評価することにつながります。

　リリースを読んだ人がいまひとつ価値を感じなければ、その解決策を修正する必要があります。誰の、どんな問題を解決するのかという出発点から考え直す方がよいでしょう。

　さらに、リリースは試作品の出来具合を評価するためにも使えます。リリースに書いてある通りの試作品なら完成ですし、リリース通りに機能しないならどこかに改良点があることになります。これも開発の過程でマーケティング視点を維持し続けるために役立つでしょう。

●バックキャスティング型ワークシート

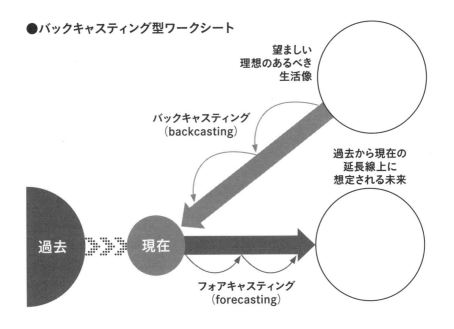

望ましい
理想のあるべき
生活像

バックキャスティング
（backcasting）

過去から現在の
延長線上に
想定される未来

過去　　現在

フォアキャスティング
（forecasting）

●Amazon式「Working Backwards」5 Questions

1. Who is your customer? あなたのお客様は誰ですか？

2. What is the customer problem or opportunity?
そのお客様の持つ課題や新しい機会は何ですか？

3. What is the most important customer benefit?
最も大切なお客様に提供できる価値は明確ですか？

4. How do you know what your customer needs or wants?
お客様が何を欲しがっているか本当に知っていますか？

5. What does the experience look like?
お客様の体験はどう変わりますか？

Problem、Predictionフレームワーク

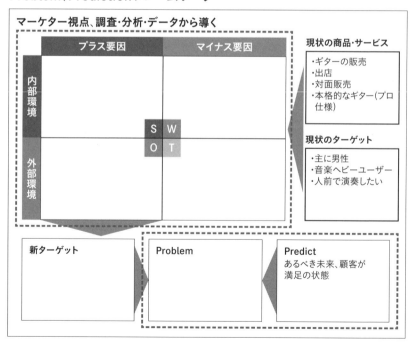

ProblemからPredictionにかけての流れは、SWOT分析に落とし込むことで整理しやすくなります。**左ページの図**を踏まえながら、マーケティング視点で分析してみてください。

技術視点とITの知見を総動員

　開発プロセスでは、マーケティングとシステムの視点を融合しながら取り組んでいくことが重要です。

　DXの4Pの中で見ると、消費者や市場調査を踏まえたProblem（課題）やPrediction（未来予測）、後述するPeople（人の関与）は、マーケティング視点がより重要になる要素です。

　一方、IT技術の進化や未来のシステム動向に関するPredictionと、具体的にどんな体験が提供可能か、課題解決に向けた具体策を考えるProcessではシステムの視点が不可欠です。理想の未来像を描くことは大切ですが、実際には技術部門のスキルを駆使して、解決策を形にする必要があります。

　マーケティング部門（マーケター）と技術部門（エンジニア）がお

システム視点とマーケ視点の融合こそが成功の鍵 例）フェンダーの場合

●マーケティング視点

Problem
・続かない：ギターがうまくならない
Prediction
・顧客がオンラインで学習する世の中の到来
People
・24時間使える、スマホでもできる
・手軽な値段と体験（サブスク）

●システム視点

Prediction
・スマホ・動画・アプリが一般化

Process
・オンラインでギターが上達できるプラットフォームの提供
・サブスクプラットフォーム導入
・アプリ開発

互いに意見や感想を出すことによってDXは進みやすくなりますし、両者がより融合しやすい状態にするためにも、CDOのようなDX全体を統括し、推進するリーダーが必要になります。

　マーケターキャリア協会事務局長の中村全信氏は、システム部門とマーケティング部門が補完し合うことは日本企業にとって強みの部分になり得ると言います。
「外資企業はジョブディスクリプションがあるため、仕事の線引きが明確ですが、日本企業はその辺が曖昧で、マーケターが営業現場に行って、持ちつ持たれつ、クロスファンクショナルに仕事をする傾向があります。足りないところを互いに補い合うのは日本ならでは。そこを強みとして、マーケティング、IT、経営がお互いに手を差し伸べるのがいいでしょう」（中村氏）

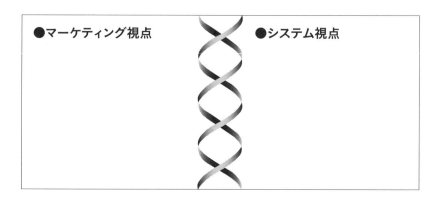

●マーケティング視点　　　　　●システム視点

Processワークシート

マーケティングと技術の両方から見る

　Processは「どうやって（how）」を考えます。システム要件に関わるProcessは技術視点でつくりますが、マーケティング視点でも思いつくことや気づくことなどがあるでしょう。この2軸に分けて、「どうやって」の解決策を考えてみるとよいと思います（下表）また、技術に関してもさらに細かく見ることで、解決に向けたProcessが見えやすくなることがあります。自社の技術や知見を整理しながら、課題解決に向けた施策をさらに掘り下げてみましょう（次ページ表）

Processフレームワーク：どうやって（How）解決するか？

ターゲットと 解決すべき課題			
	マーケティング 視点	技術視点	
可視化 何が見えるといいのか？			IoT、SNS、データ
合理化 何を自動化できるか？			AI、データ
遊休資産 活用できる資産は？			Disruptive Business Model
自己実現 顧客巻き込み			Crowdfunding Fan Marketing
新規技術 ニューノーマルなど			Social Distance Contact Less
パートナー 組むべき相手はいるか？			自社で足りない 部分を補う

解決すべき課題	
IoTの視点：何を可視化するか?	AIの視点：何を効率化するか?
ディスラプティブの視点：遊休資産・新トレンドは何か? 常識と思われることを覆す	パートナーリングの視点：誰と組めばいいのか?

　Processに関しては大変重要な要素ではあるのですが、その組織の状況によって千差万別なユニークなものになりますのでなかなか体系化は難しいものと思います。その部分に関しては、本書のコミュニティーで議論をしていきたいと考えています。→6ページ参照

5-5

Peopleワークシート

DXの文化を醸成

　DX2.0の4Pの最後は、Peopleです。Peopleではまず、ユーザーとなる市場のPeopleが満足するかどうかを考える必要があります。ただ、すでにここまでの過程で十分にマーケティング視点に立つことを意識してきましたので、その点は恐らく問題ないだろうと思います。むしろ目を向けたいのは、社内のPeopleです。

　新しいことへの挑戦に否定的な人、現状を変えることに抵抗感を持つ人、そもそも変革することに価値や意味を感じていない人などがいることにより、DXの取り組みは遅くなり、場合によって止まってしまうこともあるからです。3章70ページでも触れましたが、そういう人たちには根気よくDXの必要性と重要性を伝えていかなければなりません。議論が後ろ向きに進んでいると感じたら、できない理由よりできる方法を考えることを意識し、どうやってやるか、何からやるかといったテーマで話を進めていくと良いでしょう。

　デジタル化やITが分からない上司の場合は、デジタルネイティブである若い層が上位役職者にデジタルの教育を行うリバースメンタリングなども有効な方法だと思います。

　また、DXに取り組むチームでは、少なくともそのチーム内において共有した方が良い取り組み姿勢があります。1つは、議論に終始せず、やってみることです。議論が平行線になると取り組みが止まってしまいます。方法論などでもめた場合は、両方試し、結果を見て判断するのが良いと思います。

5章 今日からできるDX2.0

161

　2つ以上の方法が考えられる場合はABテストで判断しましょう。効果があるか、やる価値はあるかなど、実行するかどうかで迷ったときは、リーンスタートアップで小規模で実験的に始めてみると良いと思います。そのために実験用の少額の予算を確保するのが良いとされています。米グーグルでは予算や時間の10％を充てるのを原則としているようです。

　もう1つは、データドリブンで考えることです。ここはマーケターが活躍できる場だと思います。勘、経験、度胸は、いずれも事業を進めていくうえで重要なものですが、客観性に欠けますし、チーム内で共有するのが難しいという欠点があります。

　ある人が「経験上、いける」と思ったとしても、その根拠を他の人が共有、共感できなければ、DXの取り組みは進みません。過去の経験は将来を予測するときには邪魔になることもあるでしょう。可能な限り、数値化し、データ化しましょう。チームが同じスクリーンを見て、同じ数字を見ながら議論することが大事です。

■Peopleワークシート

●ユーザーはどんなメリットを感じるか
※「顧客の声」の形で挙げてみよう

●取り組みに反対する人をどう説得するか

●あえて「人対応」を残す部分は？

●ファンとのつながりをどのように構築するか

DX2.0の4Pワークシート

　DX2.0の4Pそれぞれについて、ワークシートを使って考えを整理してきました。最後に、4Pワークシート1枚に凝縮してみましょう。4章で取り上げた企業事例8社の取り組みを、サンプルとして掲載します。参考にしてください。

Problem	Prediction

Process	People

●富士フイルムのDX2.0の4P

Problem
事業）デジタルカメラが普及するとフィルムが不要になる
写真を撮ったらすぐ見たい
現像、印刷、フィルムはコスト高
自由に記録を残したい

Prediction
デジカメや高速通信が当たり前になる
フィルム事業の先行きは短い
自社の技術を生かせる領域は多い
長寿社会で医療、美容、ヘルスケア領域の需要が高まる

Process
事業の転換を実施
マーケティングもデジタルにシフト
BtoB領域を強化
必要な機能は買収も行う

People
変革をリードするように会社を変革
Fujifilm Way, Komori Method
Value from Innovation
Never Stop
基礎研究や技術を重視して活用

●米ウォルマートのDX2.0の4P

Problem
店）Amazonに売り上げを奪われている
店舗の往復・滞在に時間を取られる
買う商品は決まっているが探す必要あり
店舗で売っていない商品も買いたい

Prediction
ネットが当たり前になる。
宅配ではなく店舗に行く需要はある
店舗で在庫のないものは通販で買う

Process
ネットで注文して店舗でピックアップ
店舗にない商品も店頭端末で注文
Walmart Payをスタート
調剤薬局の事前調合サービス

People
CDOなどアサイン、社内組織整備
グーグルなどIT企業から幹部を招へい
外部コンサルの導入　R/GAなど
創業のコンセプトをデジタル向けに刷新、普及

●米フェンダーのDX2.0の4P

Problem
事業）ギターの売り上げが長期低落
初心者が挫折しやすい
女性は楽器店に入りづらい
簡単にレッスンが受けられない

Prediction
継続するとLTVが高い
デジタルが当たり前になる
動画のレッスンに抵抗はない
ギターや音楽の需要は減らない

Process
ギターを通販で販売
オンラインレッスンをアプリで提供
継続者にはクーポンを提供
ギター、エレキ、ベース、ウクレレも

People
社内にマーケターを招集
ディズニーなどから人材を登用
デジタルのケイパビリティーもつける
データドリブンの経営に変革
顧客との継続的な関係を構築

●米ZoomビデオコミュニケーションズのDX2.0の4P

Problem
簡単にテレカンなどができるソフトがない
自宅などでの会議は背景が問題
簡単に会議を記録できない
現状の通信ソフトは安定していない

Prediction
テレカンが当たり前になる
自宅での仕事が当たり前になる
便利なシステムに慣れると使い続ける
ビデオ会議やウェビナーが普及する

Process
処理はパソコンで行い、通信に載せるものは一定
クラウドベースでスケーラブル
セキュリティーなどクリティカルな問題は前者で徹底的に取り組む
背景など楽しい機能も装備する

People
社員一丸となって進むことができる
会社のポリシーを信じている
自社の事業を通じて世界に貢献している
創業者が本気で世界貢献を論じている

●SOELU（オンラインヨガ教室）のDX2.0の4P

Problem
ジムに行かないとレッスンが受けられない
自由な時間にレッスンが受けられない
子供がいるとトレーニングができない

Prediction
自宅でオンラインヨガを受ける需要が増える
働き方改革、在宅勤務。IT進化
自前のシステムで実行しないとプライバシーの問題が生じる
柔軟な料金体系が必要

Process
自前のレッスンのシステム開発
柔軟な料金制度設計
講師のための環境も提供
急成長にも耐えられる仕組み

People
ビジョンに共鳴する人を採用
場所にとらわれない受講生、講師
クラウドを活用したスケーラブルなシステムを構築

●ウルトラチョップのDX2.0の4P

Problem
店）コロナで店舗が運営できない
店）在庫が大量に余る
自宅での食事のバラエティーがない
ウルトラチョップに来店できない

Prediction
テークアウトでバラエティーが欲しい
家での調理も時間があり可能

Process
在庫は常備せず、販売窓口として販売
Facebookページで告知
「stores.jp」で受注、決済
Web動画で調理法、ワイン評を公開

People
週1回の出荷
顧客とFacebookでつながり
ファンの顧客を特別扱いする

●Showcase GigのDX2.0の4P

Problem
テークアウトできない外食店が多い
人気店では並ばないといけない
好きなときに受け取ることができない

Prediction
時間がない中でテークアウトが増える
自社でテークアウトのシステムなどをつくれる外食は少ない
外食の人手不足で生産性向上が必須

Process
多様な注文形態を提供
テークアウト、テーブルオーダー、ロッカーなど
多くの企業と手が組める立ち位置
急成長にも耐えられるクラウド

People
ITベンチャー
ビジョンに共鳴する人を採用
本業以外の収益も確保
クラウドを活用したスケーラブルなシステムを構築

●シェアメディカルのDX2.0の4P

Problem
現状の機器は医師の耳に負担がかかる
聴診の誤診の増加（医師不足、老齢化）
遠隔診療の際に聴診機器がない
聴診データがデジタル化されていないので
データ活用、AI活用ができない

Prediction
専門医が不足する
遠隔診療が必要な世の中になる。
遠隔でも聴診が可能になる
聴診のデータ活用が認可される

Process
既存の聴診器を利用できて操作が簡単
生体音を正確に記録できる技術の確立
コンタクトレスの社会に最適

People
業界の理解を醸成
組織の充実・拡大が課題

DX2.0を理解するための
重要キーワード

サブスクリプション

ソフトやコンテンツから
モノに広がった定額課金制

「米津玄師、楽曲をサブスク解禁」——。今や一般紙やニュースサイトでこんな記事タイトルを普通に見かけるようになりました。国内ではあまり使われなかったサブスクリプション（subscription）という英単語が、一気にポピュラーな言葉になって定着しています。

サブスクリプションは、「購読する」「申し込む」という意味の「subscribe」の名詞形。雑誌や新聞の定期購読を意味する言葉として使われてきました。月額の購読料を支払って新聞を読むという定額課金の料金体系は古くから存在しました。駐車場の「月極」料金や、習い事の「月謝」。携帯電話の通話料も定額でかけ放題が浸透しています。カタログ通販事業者なども、「頒布会」と称して月額会費制で季節の食材などを毎月お届けするサービスを長らく展開してきました。

では、今なぜ急にサブスクが脚光を浴びるようになったのか。流れが変わったのは2011年。「Photoshop」や「Illustrator」などのグラフィックツールを提供する米アドビが、販売方法をソフトウエアの単体売りから、「Creative Cloud」という複数のグラフィックツール群をまとめて利用できるサブスク型の年間契約ライセンス形態に変えたことでした（国内では12年4月から開始）。

サブスク型に変えたことのメリットは大きく2つあります。1つ目は、ソフトウエアを頻繁にバージョンアップして提供できるようになったことです。従来はバージョン3.0を発売したら、バージョン4.0の提供は数年先になります。これをクラウド経由で提供するようにしたこと

で、ユーザーが最新の機能をすぐに利用できるようになりました。

　2つ目は、ユーザーの裾野が広がったことです。グラフィックソフトは高価なため、企業向け、プロフェッショナル向けと位置づけられてきました。それが月額数千円の単位で利用できるようにしたことから、お絵描きが趣味というライトユーザーまで気軽に利用するようになりました。ユーザーが何年か利用すると、購入した場合の額を上回る利用料がアドビに入るようになり、アドビは売り切りの時代よりも大きく売り上げを伸ばしました。

　この成功にならう形で、15年に音楽の「Apple Music」、映画の「Netflix」「Amazonプライム・ビデオ」といった月額固定料金でデジタルコンテンツが見放題・聴き放題になるサービスが相次いで登場。これによって、TSUTAYAやゲオなどが本業としてきたCD・DVDのレンタル事業が取って代わられました。15年はサブスク普及元年だったと言えるでしょう。

　その後、サブスクはさらに進化を遂げます。近年、登場しているのが「モノ（有形商品）のサブスク」。すなわち、メーカーのサブスク参戦です。

　先駆けとなったのは、ネスレ日本の「ネスカフェ アンバサダー」です。コーヒーメーカー本体ではなくカートリッジで長期的に稼ぐモデルが、オフィスで重宝されました。プリンター機器本体を比較的安価に販売してインク、トナーで稼ぐビジネスモデルに似た形です。

　これを自宅用にアレンジしたのが、キリンビールの「Home Tap（ホームタップ）」。ビール専用サーバーを提供し、工場直送の生ビールを月2回、計4リットル宅配するサービスです（2本セット×月2回で税別7500円）。

　自動車メーカーもサブスクに参入しました。20年1月から、トヨタ自動車が「KINTO（キント）」、ホンダが「Honda Monthly Owner（HMO、ホンダ マンスリー オーナー）」を提供しています。

　ホンダのHMOは、税金やメンテナンス費、保険料などすべて込みで、月額2万9800円（税込み）から利用できる中古車のサブスクです。トヨタのKINTOが同じクルマに3年間乗り続けることが条件であるのに対し、HMOは1カ月単位で契約・解約ができる自由度の高さがセールスポイント。カーシェアリングやレンタカーはクルマが止めてあるステーションや店舗に出向く必要があるため、乗りたいときに乗りたいクルマに乗れるとは限らず、リースは最低でも半年から1年は契約するのが一般的です。その点、サブスクはレンタカーとカーリースの中間のニーズをカバーできます。例えば、老親の通院や妊娠中の妻の送迎など、期間限定ですぐクルマに乗りたい場合に向いています。

　中古車販売の「ガリバー」を展開するIDOMも、「クルマを自由に着替えよう」をキャッチフレーズに3カ月ごとに好きなクルマに乗り換えられるサブスクサービス「NOREL」を展開しています。20年2月からは、購入前にじっくり試乗したいニーズに対応し、1カ月単位で中古車を利用できる「マイカー・トライアル」を開始しました。

　サブスクリプションが流行する背景として、「所有から利用へ」の流れがあります。愛着のあるブランドを購入、所有する喜びよりも、利用に対して適正な対価を支払う方向へのシフトです。また、契約者に一律に同じ商品・サービスを提供するのではなく、選択の自由があったり、個々のニーズや趣味・嗜好に合った商品を提供したりと、カスタマイズ度が高まっているのも、人気の理由です。

　サブスクビジネスは、単に価格を月額制の分割払いにすればいいわけではありません。従来型のモノ売りの発想からの転換が不可欠です。

価格設定は、原材料費＋製造コストまたは仕入れ値に利益を乗せる積み上げ型ではなく、顧客側の利用価値をベースに算出する必要があります。収益も、日々の販売個数に一喜一憂するのではなく、顧客の契約継続年数や1人当たり契約金額などLTVの視点が重要です。売って終わりではなく、顧客との付き合いが末永く続くように努めるのがサブスクビジネスと言えます。

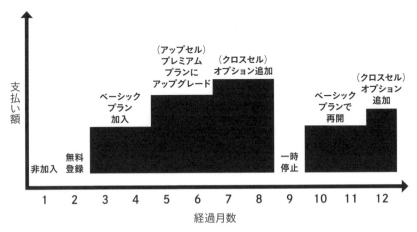

	従来のプロダクト販売モデル		サブスクリプションモデル
プライシング	原価	▶	価値をベースに設定
マーケティング	ブランディング	▶	エクスペリエンス
セールス	プロダクトの販売	▶	価値の提供
ファイナンス	ユニットあたりの利益	▶	顧客生涯価値（LTV）
カルチャー	ヒット商品の開発	▶	リレーションシップの強化

売って終わりから継続サービスの提供へ、発想の転換が求められる

支払い額

（アップセル）
プレミアム
プランに
アップグレード

（クロスセル）
オプション追加

ベーシック
プラン
加入

（クロスセル）
オプション
追加

ベーシック
プランで
再開

非加入

無料
登録

一時
停止

| 1 | 2 | 3 | 4 | 5 | 6 | 7 | 8 | 9 | 10 | 11 | 12 |

経過月数

一旦停止→再加入のしやすさがLTVを高める
※サブスクビジネス支援のZuora Japan（東京・千代田）の資料より

ダイナミックプライシング

販売期間中も需給バランスを反映
リアルタイムに価格を上げ下げ

　「ダイナミックプライシング」とは、需要と供給のバンラスに応じて価格を変動させる価格設定の仕組みのことです。

　そう説明すると、「それって昔からありますよね」と思う人も多いでしょう。例えば旅行会社に置いてあるパッケージツアーのパンフレット。ゴールデンウイークやお盆の時期の出発は高く、次いで週末が高い、平日の日程は安いといった具合にカレンダーが色分けされています。ホテルやエアライン、特急も繁忙期と閑散期は料金が異なります。プロ野球セントラルリーグの球団では、観客動員が見込める巨人戦だけ料金を高くするチケット価格体系を昭和の時代から設定していました。

　ユニバーサル・スタジオ・ジャパン（USJ）は2019年1月から、チケット価格を変動制に切り替えました。正月休みが終わった19年1月10日、1日券「1デイ・スタジオ・パス」の入場料を、前日までの7900円（税込み、以下同）から7400円に値下げしました。正月明けの寒い時期はしばらく人出が減るため、値下げして需要喚起に出たわけです。

　入場料はその後、期末試験を終えた学生らが来園する19年2月1日からは8200円と以前よりも高く、春休み期間の3月下旬はさらに8700円と値上げし、4月1日からは8200円、学校が始まる4月9日以降は7400円に値下げ。そして4月28日〜5月5日のゴールデンウイーク期間は8900円と最も高く設定しました。

　東京ディズニーリゾートをはじめとする国内のテーマパークの大半が年中一律料金であることから、USJが導入した価格変動制はエポックメイキングな出来事と言えます。

とはいえ、USJのチケット価格は繁閑に応じてあらかじめ告知された
もので、旅行のツアー代金などと同様です。雨の日は値下げすると
いった臨機応変さはありません。USJの場合、遠方から日程を決めて
訪れる来場者が多く、「雨になりそうだからまた今度にしよう」という
人はさほど多くないからでもあります。

　一方、スポーツ観戦チケットなどは、人気カードと消化試合を同じ
価格に設定していると、人気の試合はすぐに売り切れ、不人気の試合
は閑古鳥が鳴いてしまいます。チームの状況や、屋外のスタジアムで
は当日の天候予想も客入りを左右します。

　そこで、需要が高い試合は価格を上げて収益を確保し、需要が低い
試合は値下げすることでチケット収入を最大化する取り組みが進んで
います。近年は、AIが過去の販売状況や天候など売れ行きを左右する
データを大量に学習して最適価格をはじき出し、大胆に価格を上下さ
せるシステムの導入が加速しています。こうした大量のデータを基に
最適価格をはじき出して完売を目指す価格設定の手法を、ダイナミッ
クプライシングと呼んでいます。

　サッカーJ1リーグでいち早くダイナミックプライシングを導入した
のが、横浜F・マリノスです。18年シーズンのいくつかの試合でテス
トし、19年シーズンから全面導入に踏み切りました。

　テスト導入した試合の1つ。18年10月14日のYBCルヴァンカップ
準決勝第2戦（対鹿島アントラーズ戦）では、チケット価格が一時3倍
になる場面がありました。サポーターが集うゴール裏の自由席（サポ
ーターズシート）は、標準価格2500円（税込み、当時、以下同）の
ところ、発売開始初日から売れ行き好調だったため、翌日に4100円
に値上げ、その3日後には7500円へと値上げされました。これは一番
高いメインSSS席（標準価格5900円）を上回る価格です。

　なぜこんなに高騰したのか。ルヴァンカップ準決勝という注目のカ

ードの試合会場が、日産スタジアムではなく、ニッパツ三ツ沢球技場が割り当てられていたためです。マリノスは、収容人員が7万人を超える日産スタジアムと、約1万5000人の三ツ沢球技場という両極端な会場をホームグラウンドとして使用しています。

満席にするのは至難の業の日産スタジアムでいかに観客動員を増やせるか、人気カードはすぐ満席になってしまう三ツ沢球技場で収益を増やす方法はないか。この経営課題を解決する方法がダイナミックプライシングの導入だったのです。

現在、ダイナミックプライシングの導入が進んでいるのは、スポーツ観戦やコンサートのチケット、ホテルの室料、航空券、一時利用の駐車場料金などのジャンルです。いずれのサービスも、キャパシティーの上限が決まっていて、開催・運航日に埋まっていない分は運営側に一銭も入らず、後日その枠を売るのは不可能なことが特徴です。そのため、空き席は値下げしてでも売り切りたいし、早々に売り切れるほど人気ならもっと高値で売って利幅を取りたいというニーズが切実です。

では一般小売りの世界でもダイナミックプライシングが浸透する可能性はあるでしょうか。

家電・AV機器などは、発売から数カ月もたつと人気の商品以外は数パーセントから数十パーセント、値下げしているケースはよくあります。需給に応じて最適な値付けをしていると言えるでしょう。ということは、過去の売れ行きなどの販売データや競合店の値付けなど、インプットする情報量を増やして学習させれば、より最適な価格をはじき出すこと自体は不可能ではなさそうです。

ところが理屈の上では有効でも、リアル店舗でダイナミックプライシングはなかなか導入が進んでいません。その理由は、価格変更には棚札の差し替えという物理的な作業を要するためです。小売店にとっ

て棚札の差し替え作業は大きな負担になる作業です。さらにきめ細かく最適価格を日々提示されたら、売り場では対応が追い付かなくなってしまいます。

　家電量販大手のノジマは、将来的なダイナミックプライシングの導入を見据えて、19年10月、全185店舗の全商品に電子棚札の配備を完了しました。設置した電子棚札の数は150万枚を超えます。消費税率が10％に上がるタイミングに間に合わせたことで、前日までの税率8％価格表示から一瞬にして税率10％価格表示に切り替えることができました。リアル店舗がダイナミックプライシングを導入するには、前段階としてこの電子棚札の導入が必要です。

　ダイナミックプライシングを定着させるには、消費者の理解も欠かせません。「高くなることですぐに売り切れずに購入チャンスがある」「売れ残りそうな試合や席はおトクに購入できる」といったメリットを訴求して、納得してもらう必要があるでしょう。

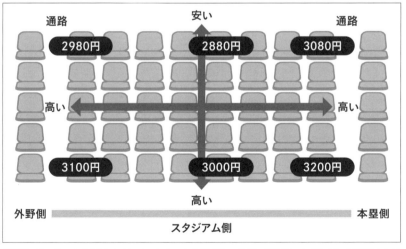

福岡PayPayドームの福岡ソフトバンクホークス戦では、前列、端の席、本塁に近い席が高くなるよう、1席単位で価格を設定、変動させている

6-3

キーワード解説❸ **OMO**（Online Merges with Offline）

オフラインがない世界で、最高の顧客体験を提供

　直訳すると「オンラインがオフラインを融合する」という意味になります。四六時中スマホを持ち歩いて検索、広告閲覧、ECで購入、店頭でキャッシュレス決済とフル活用している私たちの生活は、ほとんどがインターネットにつながり、オフラインと言える場がなくなってきた感があります。

　ECと実店舗を巡る顧客接点のあり方については、時代によってキーワードが変遷してきました。2000年前後のEC普及初期に登場したのが「クリック＆モルタル」です。これは、ブリック（煉瓦）＆モルタルでできた伝統的な企業に対して、先進企業はクリック＝ECと実店舗の両方を運営して相乗効果を狙うという意味合いでした。

　その約10年後に登場したのが「O2O」（Online to Offline）です。これはオンラインからオフラインへの誘導、すなわち実店舗への送客です。ちょうどスマホが普及し始め、オンラインクーポンの配信などの施策を手掛けやすくなったことが背景にあります。

　ただO2Oの言葉の寿命はあまり長くはありませんでした。実店舗に希望のサイズや色がない場合は、オフラインからオンラインへスムーズに在庫確認、購入ができる方が望ましく、オンからオフへの片道誘導では不十分です。そこから、ECと実店舗がシームレスにつながって顧客情報や在庫情報を一元管理する「オムニチャネル」の概念が登場しました。実店舗で購入するとポイントが付くのにECでは付かないといった例はなくなりつつあります。

このように従来のキーワードでは、ECと実店舗を分けて送客したり、連携させたり、サービスレベルを統一したりしていました。OMOは、それがオンライン上の行動か、オフライン上の行動かを問わず個別IDに記録される顧客の様々な行動内容に応じて、最適な顧客体験（UX）を提供しようとする試みです。大切なのはEC対実店舗ではなく、UXであり、UX向上のための施策を打ちます。ユーザーのその時々の行動と居場所に応じて、適切なチャネルを通じて最適なUXを提供するのがOMOです。

　日本でもUXの重要性は以前から指摘、認識されているように見えますが、どちらかというと、Webサイト単体の見栄えや使い勝手、実店舗の動線という具合に限定されていて、全体を通した顧客体験設計に向かっていないのが実情です。

　世界でOMOが最も進んでいる国の一つが中国です。アリババ集団が運営するスーパーマーケット「盒馬鮮生（フーマー・フレッシュ）」は、OMO事例としてよく例に挙げられます。

　店頭販売、店内飲食、EC、宅配を融合させた複合型スーパーで、例えばEC購入の場合、自宅が店舗から3キロ以内であれば、注文から30分以内に宅配してくれるサービスがあります。実店舗で肉や魚、青果を購入した場合は、希望すればその場で調理を依頼して飲食を楽しむことも可能です。一般的な食品スーパーを大きく超える利便性とエンタメ性を持っています。

　盒馬鮮生では、決済も配送もスマホアプリを通じて行われ、過去の行動履歴などからニーズを先取り予測して割安オファーを出すなど、データに基づく個別最適化と、その検証、改善を絶え間なく継続しています。

※参考文献：『アフターデジタル』『アフターデジタル2』（ともに日経BP刊）

D2C（ダイレクト・トゥ・コンシューマー）

自社ECを軸に自社企画アパレル、化粧品ブランドを販売

　D2CはDirect to Consumerの略で、メーカーが直接消費者に販売するビジネスモデルを指します。卸業者や服飾小売店など他社を介さず、自社で企画・製造した商品を、自社チャネルで直接販売する業態です。2010年前後に米国で増え始めた手法で、展開する企業の多くはアパレル業です。近年は化粧品や日用品も増えています。14年設立の米国のマットレスD2Cブランドのキャスパーは、質の高い睡眠を売る戦略で成功を収めています。

　それってSPA（製造小売業）のことでは？　と思う方も多いでしょう。

　自社で企画、製造した商品を直営の実店舗で販売するSPAの例として、ユニクロ、GAPなどがあります。

　D2CがSPAと違うのは、まず自社ECをメインの販売チャネルとしていることです。Amazonや楽天市場のようなモールにも出店しません。実店舗を多数展開するような出店戦略は持たず、実店舗はゼロ、または開設していたとしてもあくまでショールーム的な位置づけで、販売目標を持つような"売り場"ではありません。

　自社ECへの集客が生命線であるだけに、SNS活用に熱心なのもD2C事業者の特徴です。D2Cの場合、実店舗の出店コストやECモールへの出店料、手数料などはかからないものの、集客は自力でやる必要があります。特に運営開始当初は認知度が低いため、メッセージ性の強さと共感を呼び起こす力で、一定のブランド力を獲得する必要があります。D2Cブランドは、従来型のメーカーが訴求する機能性ではなく、ブランドが実現したいライフスタイルや世界観、価値観を訴求するパ

ターンが目立ちます。創業社長自らがインフルエンサーとなっている
ブランドには熱心なファンが付きやすいでしょう。人気が出てくると、
ファンが自らアンバサダー、インフルエンサーとなって発信してくれ
て、心強い味方になります。

　そして自社ECでは顧客の購入履歴、閲覧履歴などのデータを豊富
に入手、活用できるため、属性や過去の購入商品に応じたきめ細かい
レコメンドやサービスの提供が可能です。その「個客」対応力の高さ
で満足度を高め、LTV向上を目指すのがD2C事業者の目標でもあり
ます。

　D2Cの認知度を高める方策としてよく取られるのが、期間限定で空
き店舗や商業施設の一角に出店する「ポップアップストア」です。販
売店というよりも、顧客に実物を手に取って見てもらう体験の場、コ
ミュニケーションの場としての役割を担います。

　こうしたD2Cの"売らない店"の出店は加速しそうです。20年1月
末、丸井グループは新会社D2C＆Co.（ディーツーシーアンドカンパ
ニー）を設立。D2Cスタートアップ企業への出資や融資、D2Cブラ
ンドのマルイ店舗への出店を支援しています。丸井は商品を自ら仕入
れて売る小売型から、魅力的なテナントを誘致してテナント料を得る
ショッピングセンター型へと転換を進めている最中。その有力候補と
して、ミレニアル世代の顧客を持つD2Cブランドを支援、誘致しよう
としています。

　D2C事業者にとって、丸井のような集客力のある商業施設への出店
コストは、認知度とブランドイメージを高める広告費のようなものと
考えることができます。大手企業が支援に乗り出したことで、日本で
もD2C業態がさらに発展しそうです。

XaaS（X as a Service）

ソフトウエアも移動手段も
サービス化

　かつては購入または長期の利用契約を結んでいたハードウエアまたはソフトウエアを、必要なときに必要なだけサービスとして利用し、利用実績に応じた対価を支払う提供方式のことを指します。

　その代表格が「SaaS」（Software as a Service：サービスとしてのソフトウエア）です。従来はユーザーがソフトウエアを提供元から購入してコンピューターにインストールしていましたが、近年はクラウド経由で提供され、どの端末からでも所持するIDとパスワードでログインすることで利用が可能です。

　クラウド経由であるということは、保守管理やアップデートはベンダーが行うため、自社でメンテナンスする必要がなく、保守管理要員を確保できていなくても利用できます。また初期の導入コストが比較的安価であることも特徴で、導入ハードルを下げています。顧客情報を一元的に共有できる統合CRMプラットフォーム「Salesforce」はその代表的なサービスです。サイボウズなどが提供するグループウエア、かつてはタイムカードだった出退勤管理システム、OBCの「勘定奉行」が有名な会計システムなど、勤務先で利用しているシステムの多くがSaaS型になっています。

　利用料は、従量課金制か月額または年額固定のサブスクリプション型が一般的です。利用者が増えて損益分岐点を超えると急成長が期待できるモデルでもあります。

この「アズ・ア・サービス」型モデルが他ジャンルに広がりを見せています。中でも注目を集めているのが、移動手段をサービスとして提供するMaaS（Mobility as a Service）です。登録会員の間で特定のクルマを共同使用し、利用時間に応じて料金を支払うカーシェアリングはMaaSの一形態と言えます。

国土交通省はMaaSの定義を、「ICT を活用して交通をクラウド化し、公共交通か否か、またその運営主体にかかわらず、マイカー以外のすべての交通手段によるモビリティ（移動）を1つのサービスとしてとらえ、シームレスにつなぐ新たな『移動』の概念」としています。

利用できる移動手段はクルマに限りません。バス→電車→タクシーと乗り継いだ場合、現状は事業者ごとに料金・運賃を支払っていますが、エリアの交通手段がMaaS化すると、「月額ウン千円で都心指定エリアの交通機関に乗り放題（※タクシーは□キロ以内、月○回まで可）」といった、事業者間を統合した包括的な移動サービスに対して料金を支払う料金体系に進化する可能性があります。

実際にフィンランドのヘルシンキでは、3つの料金プランで市内の交通機関を横断的に利用できるMaaSアプリ「Whim」が稼働しています。アプリで現在地から目的地までのルートを検索、座席を予約、そして決済までが完結する仕組みです。Whimの導入によってヘルシンキでは移動状況は大きく変わり、2016年の導入から1年で公共交通機関の利用割合が48％から74％へ増加。半面、自家用車の利用割合が40％から20％に減ったということです。

交通渋滞、環境汚染、エネルギー消費の増加という社会課題の解決には、マイカー依存からの脱却が必要です。スマートシティー実現に向けて、MaaSはその起点、中核を担うことになります。

X-Tech（クロステック）

既存の業界、職種、
カテゴリー×テクノロジー

　X-Tech（クロステック）とは、様々な業界や職種、カテゴリーのビジネスに、AIやビッグデータ、IoTといった先進ICT技術を掛け合わせることで、大幅な業務改善や新しい商品・サービス、価値を生み出す取り組みのことです。

　例えば教育のジャンルであればエドテック（Edtech）という具合に、○○×Techの形で表記します。X-Techはその総称です。

　マーケターに浸透しているのは、アドテク（AdTech）でしょう。

　先ほどECサイトで見ていた商品の広告が他サイト閲覧中に表示されることがよくありますが、これは自社サイト訪問者に対して広告を配信できる「リターゲティング」という仕組みです。

　広告主の広告配信効果最大化を目指して最適な人や場所に広告を配信する「DSP（デマンド・サイド・プラットフォーム）」、広告掲載メディアの掲載効果最大化を目指して最適な人に広告枠を購入してもらう「SSP（サプライ・サイド・プラットフォーム）」、会員属性情報や購買履歴、閲覧履歴などのユーザーデータを蓄積した「DMP（データマネジメントプラットフォーム）」からターゲットをセグメント化して広告を配信するなど、費用対効果の高い広告配信に欠かせないものです。

　フィンテック（FinTech）は、QRコード決済、資産運用を自分好みのスタイルで代行してくれるロボアドバイザー、「マネーフォワード」をはじめとする個人財務管理（PFM）サービスなどが該当します。

　以下、その他の主なX-Techを手短に解説します。

インシュアテック（Insur Tech、保険テック）

　保険（Insurance）とテクノロジー（Technology）を掛け合わせた言葉で、テクノロジーを活用した新たな保険商品の開発や、募集・契約・査定などの業務プロセスの改革が該当します。

　新しい保険商品の例として、住友生命保険が2018年7月に発売を開始した健康増進型保険「Vitality（バイタリティー）」があります。Vitalityは、南アフリカの金融サービス会社、ディスカバリーが開発した、健康状態や健康活動に応じて保険料が変化する保険商品です。

　人気の理由は、「万が一の備え」という"後ろ向き"の発想ではなく、「健康になるために入る」という前向き発想の商品であること。そして、健康チェックや運動に取り組むほど保険料が毎年1〜2％割引になる、従来型保険にない変動制のユニークさにあります。

　自己鍛錬に努めている人の中には、何もしていない人と保険料が同じであることに不満を持っている人もいます。そのため、日常的にジムに通ったり走ったりと、カラダを鍛えることに熱心な層からの反響が大きいようです。

　契約者は運動をして健康を維持することで保険料が安くなり、保険会社は契約者の病気が減ることで保険の支払いが少なくて済み、国としても医療費の削減につながります。Vitalityは「三方よし」を目指している保険とも言えます。

　週ごとに設定された運動目標ポイントを達成すると、スターバックスコーヒーのドリンクチケットやローソンのグリーンスムージーなどの特典がもらえる、モチベーションを高める仕組みもあります。運動量や健康状態を測れるウエアラブル機器の普及が、こうした新しいタイプの保険を生み出しています。

ヘルステック（Health Tech、健康テック）

　ヘルステックとは、ヘルス（Health）とテクノロジー（Technology）を組み合わせた新産業を表すキーワードです。

　活動量計「Fitbit」や「AppleWatch」などのスマートウォッチはその一例です。腕に取り付けるだけで、内蔵の加速度センサーが歩数や消費カロリーなどを計測し、健康アドバイスまでしてくれます。

　20年10月に発売になる新商品「Fitbit Sense」は皮膚電気活動（EDA）センサーを搭載。皮膚の発汗量の変化などからストレス状態を把握し、「気分」の記録の他、ストレスマネジメントスコアが表示されます。

　フィリップス・ジャパン（東京・港）が19年11月に発売した「SmartSleepディープスリープヘッドバンド」は、睡眠の質を高めることを目的に開発した、「スリープテック」とも呼べる睡眠用ウエアラブルヘッドバンドです。ヘッドバンド内のセンサーが脳波を計測し、睡眠が深くなったタイミングで500〜2000Hzの音を流すことで、深い眠りを継続させ、睡眠の質を高める仕組み。"深睡眠"のブースト装置です。また、専用アプリと連携させることで、自分の睡眠の深さや

「Fitbit Sense」（左）、「SmartSleepディープスリープヘッドバンド」（右）

推移が見える化でき、点数化されます。

　医療の世界でも「デジタル療法」が進んでいます。20年8月、医療スタートアップのCureApp（東京・中央）が開発した治療用アプリ「CureApp SC ニコチン依存症治療アプリ及びCOチェッカー」（以下、CureApp SC）が、厚生労働省から薬事承認を取得しました。

　CureApp SCは、禁煙外来で治療を受ける患者の院外での禁煙をサポートするために医師から処方される医療ツール。患者用アプリ・医師用アプリ・ポータブルCOチェッカーの3つで構成され、20年度中の保険適用と上市を目指して準備が進んでいます。

　喫煙をやめられないニコチン依存症は、離脱症状を伴う身体的依存については禁煙補助薬が効きますが、心理的依存にはこれといった"特効薬"がありません。禁煙外来での診療時以外の期間は支援がないまま患者は吸いたい気持ちと闘わなければなりませんでした。禁煙外来の禁煙成功率は、治療開始後1年では30％未満といわれます。

　患者用アプリでは、喫煙の有無や体調などに合わせて個別ガイダンスを配信することで、医療従事者の介入が難しい「治療空白」期間の禁煙継続を支援します。医師用アプリには、患者の記録が蓄積されるため、診療時に個人の状況に合わせた適切な指導が可能になります。

　ファイザーも19年3月から、同社の禁煙補助薬「チャンピックス錠」を服用する患者に配布してきた禁煙手帳のLINE公式アカウントを開設しています。服薬状況や禁煙の記録をLINE上で入力できる他、12週間で5回の診察日程をお知らせする機能や、記録を促すお知らせ通知、吸いたくなったときの対処法などが用意されています。

　気分を記録してその経過を観察する、認知行動療法が有効な領域でこうしたアプリは活躍する余地がありそうです。

ファッションテック（Fashion Tech）

　ファッションテックは、ファッションとテクノロジーを組み合わせた造語。ファッションアイテムの試着から購入に至る流れをIT技術の活用で便利にしたり、似合うコーディネートをお薦めしてくれたりと、様々なサービスがあり、アパレル業界が導入に乗り出しています。

　衣料品通販サイト「ZOZOTOWN」を運営するZOZOが2017年11月から希望者に無料配布の予約を受け付けた採寸用ボディースーツ「ZOZOSUIT（ゾゾスーツ）」は、ファッションテックを代表する取り組みと言えます。自宅で着用するだけで瞬時に全身の採寸が完了し、登録内容を基にオーダーすると、自分にぴったりサイズのPB（プライベートブランド）の服を購入できるというものでした。しかしながら、ZOZOSUITそのものの配送に大幅な遅延が生じ、また採寸の誤差や採寸を基にしたPB商品にサイズ感で不満も散見されたことから、営業減益に転じ、ZOZOSUIT、PB商品ともに生産中止に至りました。それでも近未来を感じさせる大胆な販売手法は大きな話題になりました。

　ZOZOは創業者の前澤友作社長が19年9月に退任しましたが、アパレル業界にイノベーションを起こすという気概は失っていません。ZOZOSUITの頓挫にめげることなく、足のサイズをスマホで計測できる「ZOZOMAT（ゾゾマット）」を無償配布しています。マットの上に足を置いてスマホアプリで指定方向から撮影するだけで、足の長さや幅、甲の高さなどがミリ単位で認識されます。顧客それぞれのサイズデータと満足度が高い靴をAIに学習させることで、似た足のサイズ・形の人が相性のよい靴をお薦めしてくれます。

　ファッションテックは採寸だけではありません。
　デジタルマーケティングのコンサルティング会社、ルグラン（東京・

渋谷）は、気象ビッグデータを分析し、天気や気温の変化に合わせて
ユーザーの好みに合ったコーディネートを提案するファッションテック
サービス「TNQL（テンキュール）」を提供しています。その日の
天気、気温、湿度、降水量などから体感温度を算出し、一方でAIがユ
ーザーのコーディネートの好みを学習することで、800パターン超の
ファッションイラストの中から、その日の気候に合わせてユーザーに
最適なコーディネートをお薦めします。

　ECサイトとの共同実験から、前日より3度以上気温が低下するとコ
ートやアウターの注文が増えるといった、気温変動と売れ筋の変化の
関係も明らかになっているため、ECサイトでのレコメンドや広告配
信においては天候ドリブンなマーケティングを進める価値がありそう
です。

　街で見かけた看板で女優さんが着ている服、Instagramでフォロー
しているモデルさんが着ている服などが気になったものの、ファッシ
ョン誌ではないためブランド名が分からず、何て検索したらいいか分
からない——。特に女性はよくあるでしょう。

　そのコーディネートを写真に撮って送るだけで、AIが似た商品を販
売している登録ECサイトに誘導するソリューションをサイジニアが
開発しています。例えばネットで見かけたモデルさんの着用スカート
が気になる場合、その写真をアップロードすると「コート」「トップ
ス」「スカート」とカテゴリーを識別するので、「スカート」をタップ
すれば、似た雰囲気のスカートを探してくれます。

　他にもECサイトに搭載することで、表示中のジャケットより裾が
短め＆長めの商品をお薦め表示して購入に誘導するソリューションな
ど、AI活用でファッションECは伸びる余地が大いにあります。

6章
DX2・0を理解するための重要キーワード

フードテック（Food Tech）

　フードテックとは、食とテクノロジーが融合することで食領域に起きているイノベーションを指します。食は農業・漁業から食品加工、流通、レシピ・調理、調理家電、食品廃棄と、幅広い分野にまたがるため、その市場は膨大です。2025年までに世界で700兆円に達するとの予測も出ています。

　本物の肉のような「植物性代替肉」はその1つ。日本でも、ローソンが大豆ミートを使用したハンバーガーやから揚げを、イケアが植物由来の「プラントベースカップラーメン」を発売するなどの実例が出てきています。植物由来の代替肉は低価格でヘルシーでもあり、普及すれば健康への好影響が期待されます。

　食領域のDXと言われているのが、「キッチンOS」です。現在、最先端家電として、食材をセットするだけで自動調理してくれる調理家電や、庫内の食材を検知してお薦めレシピを提案してくれる冷蔵庫などに期待が高まっています。キッチンOSは、レシピ情報やこうした先端家電、さらには食品小売りと連携して動かすことができる基本ソフトです。

　海外では食領域のGAFAと称されるキッチンOSのプラットフォーマーが登場しています。その1社である米イニットは、苦手な食材や食の好みなどを登録することで、個人の食の嗜好に合ったレシピ、調理方法を選ぶことが可能になります。

　食品ロスの削減でもスマホが活躍します。コークッキング（東京・港）が運営する「TABETE」は、飲食店が余りそうなメニュー、食材を登録し、ユーザー側がそれを購入、決済して店頭に受け取りにいくサービス。店舗側は廃棄を最小限にとどめ、購入者側は割安で買い求めることができます。コロナ禍の飲食店を支援する形になりました。

リーガルテック（Legal Tech、法テック）

リーガルテックとは、法律（Legal）とテクノロジー（Technology）を組み合わせた造語で、ITの活用によって法律サービスの利便性を向上させること、そのツールやシステムを指します。

リーガルテックはもともと、訴訟大国とも言われる米国で発展してきました。日本で注目され始めたのは近年、特にコロナ禍で関心が高まりました。全社的に在宅勤務に踏み切ったことで、「印鑑を押すためだけに出社しなければならない」といったオペレーション上の非効率性が浮き彫りになったためです。

特にサービスが数多くリリースされているのが、電子契約や契約書作成・管理など、契約回りをサポートする「契約系」です。

電子契約には、米アドビの「Adobe Sign」、GMOクラウドの「GMO電子契約サービスAgree」、弁護士ドットコムの「クラウドサイン」、米ドキュサインの「ドキュサイン」などがあります。契約、承認の電子化によるスピード向上、印紙税の削減といった利点があります。

法律専門書出版社の協力を得て、約10万ページの専門書や官公庁の各種資料を横断的に検索・閲覧できるLegal Technology（東京・千代田）の「LEGAL LIBRARY」のようなサーチ系も充実しています。同ライブラリーや、弁護士ドットコムのように、リーガルテックでは法律の実務家によるスタートアップの参入が目立ちます。

PC、スマホに蓄積されたデータに法的証拠能力を持たせるため、端末から裏付けとなるデータを抽出する「デジタルフォレンジック」も代表的なリーガルテックの1つ。データ改ざんの痕跡を探ったり、削除・破損したデータを復元したりすることも可能です。この領域では、AIを活用して国際訴訟支援や不正調査を手掛けるFRONTEOなどが実績を上げています。

HRテック（Human Resources Tech、人事・採用テック）

　HRテックは、人的資源（Human Resources）とテクノロジーを掛け合わせた造語です。社員の人事評価や異動歴、受講した研修履歴などの記録、データベース化から人事管理の効率化を図るのはもちろんのこと、PCの稼働状況から労働時間管理や業務効率を判断したり、上司と部下の間で気軽に1on1ミーティングができる環境を整えることでコミュニケーション不足の解消＆モチベーションアップを図ったり、人材採用の応募書類から自社で活躍する見込みの高い人材をAIがピックアップしたり、離職可能性の高い兆候を発掘して労働環境を変えた場合のシミュレーション結果から対策を打ったりと、様々な領域でHRテックが寄与する余地があります。

　HRテックでよく名前の挙がるサービス、企業として、社員のスキルや評価履歴、性格やモチベーションも一元管理できるクラウド人材管理システム「カオナビ」を提供するカオナビ。登録会社数3万5000社、利用者数250万人を超えるビジネスSNS「Wantedly」や会社訪問アプリ「Wantedly Visit」といった求職者と求人企業をマッチングする採用広報ツールを提供するウォンテッドリー、などがあります。また、掲示板やグループチャット、スケジュールの共有といった社内コミュニケーションツールでは、Chatwork（東京・港）の「Chatwork」や米スラックの「Slack」などがコロナ禍で注目されました。

　HRテックが注目される背景には、日本における労働力人口が今後急減して人材不足の懸念があることや、先進7カ国中で最下位が20年以上続く労働生産性の改善の必要性、働き方改革によって国内外の優秀な人材を採用することが競争優位に立つうえで不可欠であること、などがあります。

不動産テック（Real estate Tech）

　不動産テックとは、不動産業界が抱える課題や従来の商習慣をIT技術の活用で変革する取り組みを指します。ここでは代表的な2つのジャンルを紹介します。

　1つ目は、物件の査定です。リブセンスが運営する「IESHIL（イエシル）」では、約9000万件に上る賃貸情報や売買履歴といったビッグデータから、各物件の現在の市場価値をリアルタイムで査定して表示します。マンション単位ではなく、部屋単位での表示です。最寄り駅からの距離や、建物の築年数、部屋の方角、階数、面積・間取りなどの情報が分かれば、近年の周辺物件の売買または賃料相場から、かなり正確な査定が可能になります。

　こうした精度の高いデータが可視化されることで、不動産情報の偏在が解消されて業界の透明性が増し、買い手・借り手の購入・賃借意欲、売り手・貸し手の売却・賃貸意欲が高まって不動産取引が活性化することが期待できます。

　2つ目は、モデルルームのオンライン化、オンライン内見です。これは3密回避のコロナ禍で大いに注目を集めました。例えば野村不動産アーバンネット（東京・新宿）は20年5月、新築マンションのモデルルーム体験をオンライン上で実現する「おうちでモデルルーム」サービスを導入しました。専用に撮影されたモデルルーム動画や建物模型動画、最寄り駅からマンション建設地までの周辺環境動画などを視聴できる他、モデルルーム販売担当者ともビデオ通話で問い合わせが可能です。モデルルームに足を運べない遠隔地の居住者にとっても利便性が上がるサービスといえます。国土交通省も「ITを活用した重要事項説明に係る社会実験」を主導していて、重要事項説明や契約手続きも非対面・電子化が進みそうです。

著者あとがき

本書は、偶然が生んだ必然の書であると考えています。

きっかけは2019年11月に開催した、私が主宰する次世代マーケティングプラットフォーム研究会の5周年総会でした。
本書の発行人で、以前から連載やセミナーでお世話になっていた日経BPの杉本昭彦さんが総会に参加し、その際に「江端さんの頭の中を整理して、DXの本を出しませんか?」という話をいただいたのです。

当時、私は様々な日本企業のDXを支援し、その鍵は「ITデジタル × マーケティング × 経営」だと考えていましたが、その根拠をきっちりと理論立てて説明できないことに気がつきました。
そこで、さっそく執筆の話を進め、おおまかに「オリンピック後にDXの本を出す」という出版スケジュールと体制をつくりました。日経BPから日経クロストレンド編集部の小林直樹さん、企画にPR会社Kiss and Cry代表の落合絵美さん、構成ライターに伊達直太さんという体制です。

ところが、構想を深め、取材先を検討していく過程で世の中に大きな変化が起こりました。恐らく世界中が初めて経験した共通体験、コロナ禍です。読者の皆さまの中にも、直接・間接的に被害や影響を受けている方がいるだろうと存じます。
コロナ禍は私が以前勤務していた米マイクロソフトのCEO、サティア・ナデラ氏が「2カ月で2年分の進化を遂げた」というほどの大きな変化をもたらし、本書で仮説として書こうとしていた現象や、提言しようとしていた内容が現実あるいは現実性の高いものになりました。

本書の2章の骨格となるDX2.0（マーケティング視点のDX）の4P
は、当初の出版の構成にはなく、コロナ禍で着想したものです。
　また、当初想定していた取材先はDX推進に取り組むと発表してい
る企業が多かったのですが、コロナ禍で実際に成果を出している企業
も加えることとなりました。
　4章で紹介したZoomビデオコミュニケーションズ、Showcase Gig、
SOELUなどがその事例です。「マーケティング視点のDXが国内でう
まくいく」という予測を骨太にするために取材しようと考えていた事
例が、「うまくいく」ことを証明する事例に変わったのです。

　コロナ禍の執筆は、私にとって学び直し（UnLearning）の機会に
もなりました。
　コロナ禍で世界が変わると見据えた母校のスタンフォード大学は、
2020年4月以降、積極的に各種のオンラインプログラムをスタートさ
せました。そのタイミングがちょうどよく執筆中の10週間の時期と重
なったため、今までの常識をいったん整理したうえで、新たに来る世
の中を語るセミナーをオンラインで受講しました。プログラムではス
タンフォードのMBA実務者向け縮小版のExecutive Programがオ
ンライン化されましたし、希望者が多く、在学中に受講できなかった
Garth Saloner教授の戦略の講義も受講することができました。

　プログラムは、DX2.0（マーケティング視点のDX）の4Pを整理・
構築するための補助線にもなっています。
　例えば、Problem（課題）については、課題定義を得意とするデザ
インシンキングについて学び直し、そこにDXを加える意味づけがで
きました。プログラムで繰り返し使われたKodak vs. Fujifilmの内容
は、PredictとProcessについてまとめる際にとても役立ちました。

さらに、コロナ禍の2020年4月、マーケティング大家のフィリップ・コトラー教授と富士フイルムのDXを成功させた古森重隆会長兼CEOの共著『NEVER STOP』が英文で出版されました。

　本の中で詳細に解説されている世界最高のDX事例を読みながら、私は特に組織や人材面（People）がDXを下支えするケイパビリティーであると確信し、DXの4Pに加えることができました。そして本書の完成直前、菅義偉内閣と平井卓也デジタル大臣が誕生しました。平井大臣は「人間中心のデジタル化」を掲げました。
　本年4月には本書の推薦文を書いて頂いた中村伊知哉学長のiU情報経営イノベーション専門職大学が開学しました。そして同じく本書の推薦をしていただいた元米P&Gヴァイスプレジデントの和田浩子氏ともZoomで数年ぶりに再開できました。

　このような過程を経て本書は出来上がりましたが、完成形ではありません。決して完成することがないのかもしれません。
　どこかにあるはずの完成形を目指し、その取り組みに皆さまの経験や知見を加えてほしいと考え、本書はQRコードなどを通じて皆さまと一緒に完成させるプロセスを加えました。

　例えば、5章の企業のDX診断はオンラインで実施できます。私が参加する日本マーケティング協会、日本マーケティング学会、アンバサダーを務めているWorld Marketing Summit、運営する次世代マーケティングプラットフォーム研究会、本書のQRコードから参加できるコミュニティー（https://dx20.jpで紹介）などでも、ぜひ皆さまの意見をいただき、DXのディスカッションを進化および深化させていきたいと考えております。

最後に本書に関わった皆さま、本書に至る私の経験に関与していた
だいた皆さま、プライベートを支えてくれた皆様に感謝を申し上げる
とともに支えてくれた家族（昌子、菜々子）にもお礼を言いたいと思
います。本当にありがとうございました。

江端浩人

DXに飛びつくのではなく、取り込んでほしい

　現在、流行りのDX。われ先に飛びついても期待外れの結果になる
かもしれない。企業の組織内にはデジタル技術やサービスに対する理
解の差、温度差がある。あなたの上司たちは、なんでもいいからやっ
てみることを奨励するかもしれない。素直に従うべきだろうか？

　DXとは何かと思うすべての読者がやるべきことは、2つあるだろう。

　第1は、本書を読み、学んでほしい。紹介されているアメリカの事例
はまぶしい。すぐにでも真似したいと思うかもしれない。しかし、飛
びついてはいけない。その成功の要因を洗い出し、得たことを周囲の
人々と共有してほしい。

　第2に、あなたの戦略は明確で期待通りの結果をもたらしているの

おわりに

か振り返ってほしい。もしあなたのビジネス戦略が不明瞭で、うまくいっていない場合、DXが救世主になるわけではない。あなたの製品やサービスの行き詰まりをなかったことにしてくれない。

　顧客をより良く、より深く理解することがどのような時代になってもマーケティングの基本だ。そして、その知見をもとにマーケティング戦略をつくり、顧客にアプローチすれば、顧客は振り向き、あなたの製品やサービスと良い関係を作るようになる。

　DXはマーケティングの仕事を刺激的で面白いものにしてくれる。
　顧客の行動や心理を読み解くための新しいメソッドとしてDXを使ってみるといい。新たな発見は、あなたのマーケティング戦略に、良い、大きな成果をもたらす可能性がある。また、あなたの製品やサービスをより多くの顧客に使ってもらえるようなイノベーティブなマーケティング計画がDXを使うことで可能になるだろう。

　DXに飛びつくのではなく、取り込んでほしい。

　　　　　和田浩子（元米P&Gヴァイスプレジデント）

日経クロストレンド

「新事業を創る人のデジタル戦略メディア」を編集コンセプトとして2018年4月に創刊した会員制有料オンラインメディア。テクノロジーがビジネス環境をどう変えるのか、そして、その先の消費トレンドはどう変わるのか、「デジタルで変わる企業と消費者の関係」を徹底的に取材し、マーケティング戦略立案の指針になる事例、新しいモノ作りでのデータ活用法、ビジネスパーソンが知っておくべき消費トレンド情報を提供している。

https://xtrend.nikkei.com/

おわりに

著者略歴

江端浩人

えばた・ひろと
江端浩人事務所 代表 / エバーパークLLC 代表
iU 情報経営イノベーション専門職大学教授
米ニューヨーク・マンハッタン生まれ。米スタンフォード大学
経営大学院修了、経営学修士（MBA）取得。伊藤忠商事の宇
宙・情報部門、ITベンチャーの創業を経て、日本コカ・コーラ
でiマーケティングバイスプレジデント、日本マイクロソフト
業務執行役員セントラルマーケティング本部長、アイ・エム・
ジェイ執行役員CMO、ディー・エヌ・エー（DeNA）執行役員
メディア統括部長、MERY 副社長などを歴任。現在はエバー
パークLLC、iU情報経営イノベーション専門職大学教授およ
び江端浩人事務所代表として各種企業のデジタルトランスフ
ォーメーションやCDOシェアリング、次世代デジタル人材の
育成に尽力している。メンバー7000名超の次世代マーケテ
ィングプラットフォーム研究会主宰。

マーケティング視点の**DX**

2020年10月19日　第1版第1刷発行
2020年11月4日　　第1版第2刷発行

　　著　者　江端浩人
　　発行者　杉本昭彦
　　発　行　日経BP
　　発　売　日経BPマーケティング
　　　　　　〒105-8308　東京都港区虎ノ門4-3-12
　　　　　　https://www.nikkeibp.co.jp/books/
　　装　丁　小口翔平＋加瀬梓（tobufune）
　　制　作　關根和彦（QuomodoDESIGN）
　　協　力　落合絵美、伊達直太
　　編　集　小林直樹（日経クロストレンド）
印刷・製本　大日本印刷株式会社

ISBN 978-4-296-10739-1
Printed in Japan
©Hiroto Ebata 2020